芳賀《はが》綏《やすし》

日本人らしさの構造

【言語文化論講義】

大修館書店

日本人らしさの構造――言語文化論講義●目次

基礎論　人間における文化と言語

第一部　日本人の精神空間――キーワードで描く〈凹型文化〉の像

基礎論　人間における文化と言語

第一章　文化というもの

●東は東、西は西

日本を愛してやまず、ついには日本に帰化したギリシア生まれの英国人、ラフカディオ・ハーン（小泉八雲）はこう考えていました。日本の学生はイギリス社会を描いた小説を本当には理解できないだろう、つまりは「広く西洋の生活全般が日本人には謎」なのだ、と。

このテーゼはそっくり裏返すことが可能です。「日本人の生活全般も西洋人には謎」なのだ、と。——幕末の日本に滞在した初代の駐日イギリス公使オールコックは冷静で公平な日本観察者でしたが、その人でさえ「日本は本質的に逆説と変則の国だ」とキメつけ、「ここではすべてのことが（中略）奇妙に逆転する。さか立ちせずに足で歩くことをのぞけば、ある神秘的な法則によって、まったく正反対の方向と、逆転された秩序に駆りたてられているようだ」（『大《タイ》君《クーン》の都』山口光朔訳）とまで、日本の〝謎〟を嘆じています。まさに洋の東西の隔たりです。

東は東、西は西——ヨーロッパから渡ってきたフランシスコ・ザビエルもウィリアム・アダムズも、シーボルトもオールコックも、〝東洋の神秘国〟日本をその眼で見て、それぞれの個性的な観察で〝謎〟を解こうとしました。かの『菊と刀』の著者ルース・ベネディクトは、大戦中「日本は最も気心の知れない敵」（長谷川松治訳）だと見ていましたが、それも、アメリカ人にとって太平洋のかなたの日本は謎に満ちた別世界だったからです。

地球が日増しにせまくなり、相互の接触・交流や観察・分析が進んだ今日でも、僅かな知日派欧米人や日本研究の専門家以外には、西洋人が日本についての完全に正確な理解に達するのは至難のはずで、謎の部分はまだ引き続き残ります。

◎「アジアは一つ」ではない

それなら、日本とその近隣の間だったらそんな理解の障壁はないだろう、と日本人は安易に考えがちです。

ところが、物理学者寺田寅彦は、つとに、「人と自然を合して一つの有機体とする見方」に立って、「東洋人」などと一口に言ってしまうのは「随分空虚な言葉」だと、安易な見方を戒めていました。

早い話が、一衣帯水を隔てただけの韓国は、テレビドラマの清純さが日本で熱狂的に迎えられたりしてかなり身近な社会に感じられていますが、こちらが考えているよりはずっと多くの謎の部分があり、先方でも「日本人はわからない」と、いわゆるカルチャー・ショックをくり返します。双方で語学学習が進んでことばが通じても、気心の通じない部分が残り、誤解が定着もするのです。似た事情、いやそれ以上に難しい事情が日中間には勿論存在し、〝同文同種〟の常套句に甘えたら大変だと気づかせられます。グレゴリー・クラーク教授などは、早くから、和・洋の相違点よりも、むしろ和・漢の異質性が大きいと見る見方を唱えていました。また、異なる対比基準による梅棹忠夫教授の『文明の生態史観』の中の、日本列島の文明史的地位の規定では、日本と西欧の類似が言われていますが、両教授どちらの立場でも和・漢は異質扱いです。他のアジア諸国と日本との間にもさまざまのギャップが存在します。

和辻哲郎『風土』で、大きく「季節風《モンスーン》」地帯と概括された地域には、言語も多種多様なものが入り乱れている上に、儒教圏もあれば仏教圏もあり、そのそれぞれの内部差に加え、イスラム圏も存在するのが現実で、「アジアは一つ」（岡倉天心）という理想との隔たりは、冷静に客観的に認めなくてはなりません。〝所かわれば品かわる〟は動かせない道理です。

◎歴史的個体の共存――国際社会

このように日本と欧・亜を比べていると、「日本は、アジア的でもヨーロッパ的でもない、独自な歴史的個体である」（鯖田豊之『日本を見なおす』）という西洋史学者の見解が深く首肯されてきますが、そもそも、各々の独自性に強弱・濃淡の差はあっても、この地球は他をもって代えられない〝歴史的個体〟が併存・共存する場です。その場が国際社会です。

たしかに科学技術文明は急速に広まっており、また社会システムも万国共通化する動向が見られます。国際交流が進んで互いの「気心」が理解されて行くのは歓迎すべきことで、国を超えた個人間の友情も大きな広まりを見せており、昔に比べて、地球はずっと狭くなりました。にもかかわらず、各国・各地域のアイデンティティーが蒸発して、全人類が全くのっぺらぼうに一色になってしまう時代は予見できません。全面一色化は不可能、かつ不必要です。

ヨーロッパに国家より上位の統合体ＥＵが出来、ＥＵ憲法も作られて主権国家間の障壁を低くする方向に進んでいても、所属国家間の利害対立が残るほか、各国民ごとのユニークな「気心」も薄れません。東アジア共同体が誕生しても、その事情は同じで、「気心」の内部差はもっと多様です。そして遠い将来、幸いにして、著者が早くから念願とした世界連邦が実現した場合でも、それはどこまでも「差異を含んだ統合」であるはずです。

そうした独自性の存在を、国際化・グローバル化・ボーダレスなどの名目のもとに、もっぱら悪いことのようにとらえるのは、表面的で浅はかな見方でしかありません。勿論、人間性の根本は普遍・共通のものがあり、人類愛はそこに根ざしています。と同時に、「文明は、種の発展と同じように、異なる生活形態の交雑から生まれるものである」（『日本的性格』）とする長谷川如是閑《にょぜかん》は、人類社会に見られる多様性こそ「文明の基礎条件」だと言い切っていました。真の〝国際化〟はどうあるべきかを示唆した、重い発言を如是閑翁は残したのです。

〝〇〇人らしさ〟――人類社会の多様性

日本人には日本人らしさ、韓国人には韓国人らしさ、アメリカ人やロシア人にはアメリカ人らしさ、ロシア人らしさ……があります。人類社会に見られる多様性と言ったのは、つまりはそれです。

地表に並び存する〝〇〇人らしさ〟の中身が多様であることを、端的に示そうとして、昔から、いくつもの作り話が語られてきました。

例えば、ビールを飲もうとした瞬間、ハエが飛んできてビールの泡に落下したら、どうするか。「ああ、汚い！」とジョッキのビールを捨ててしまうのは日本人。イギリス人だったらハエに汚されたと思える範囲のビールをハエと一緒に捨てて、あとは飲む。ドイツ人だったらペンや鉛筆の先でハエだけをはじき出しておいてあとは飲む。ロシア人だったらどうするか。大きな肺活量を活用してフーッ！　と息を吹きかけると、ハエは泡の上を揺れながらジョッキの向う端へ流れ着く。そこを見すましてこっち側からグイと飲む……というのです。

またこんな話もあります。船が難破して救命ボートで乗客が逃れる時、定員をオーバーしてしまって誰か一人、成年の男性に泳いでもらわなければならない…となったらどうするか。――イギリス人には「あなたをジェントルマンと見込んでお願いしますが…」と頼めばいい。ドイツ人には「船長の命令です」と告げれば飛び込んでくれる。イタリア人には「飛びこんじゃいけないそうですが」と言えば飛びこんでしまう。アメリカ人には保険がいくらいくらかかっているると告げるのがいい。日本人に対しては「あのー、皆さん飛び込んでいらっしゃるんですけど…」。これで後へひけなくなってしまう。

どれも目に見えるような作り話ですが、数多く語られる中には現実の例もあります。日・韓・漢民族は見かけが似ていて西洋人には見分けがつきにくい。しかし、ベルギー人の言語学者W・A・グロータース神父によれば、ものの二分間も会話の様子を観察していれば日本人は忽ち判別できる。会話しながらワン・センテンスごとに首をタテに振る、つまりうなずきながら会話するのは日本人だけだそうです。広い東洋の中で日本の風土と国民は他と隔絶した「島」を作っていると見て、「東洋人」などと一括はできないとした寺田寅彦の見方には前に触れましたが、「日本人だけがうなずく」現象もその一端の露頭かもしれません。

あるいは、ピッチャーを強襲する打球が飛んだ時、日本人の投手は思わず身をかがめ首をすくめて球をよける。アメリカ人の投手はひるまずグラブをさし出す。それが間に合わなければ素手で捕球しようとする。元来が農耕民族であるのと狩猟民族であることの違いが現われているのだ、という観察などもあります。

●〈文化〉――集団の個性

このようにして、人に個性のあるごとく、人の集団にも個性があります。

人を個人として見ると、まずもって生物学的個体であって、その個体は、心理学的には高度の意識作用を営み高度の意識内容を有しています。つまり個体ごとの心があり人格（パーソナリティー）がある。それが人の個性です（この個性を有する生理・心理的存在としての個々人を特に「個体人」と称する学者もあります）。

他面、人はムレを成して生活・生存しています。複数の個体人が寄り集まって集団を形成しますが、太古から地表を棲《す》み分けて、それぞれの空間（土地）ごとに社会生活を営んできた各共同体は、それぞれが環境に対処する姿勢（attitude）を持ち、その姿勢の産物としての慣習や生活の道具を生み出してきました。集団には集団単位の「生き方」（way of life）の型があります。集団の生き方の総体を文化（culture）と呼ぶことがあります。カルチャー・ショックと言う時のカルチャーです。

文化人類学や社会心理学の世界では、数多《あまた》の学者が各々の〈文化〉の定義を示してきました。一六四通りの定義があるとも言われ、築島謙三教授の『文化心理学基礎論』では、諸学者による文化の定義の仕方が六種類に分類してあります。が、ここではラルフ・リントン（R. Linton）の定義で代表させましょう。〈文化〉とは、

習得された行動と行動の諸結果との綜合体であり、その構成要素が或る一つの社会のメン

バーによって分有され伝達されているもの

（リントン『文化人類学入門』、清水幾太郎・犬養康彦訳）

です。言いかえれば、人間が①集団（社会）の中で②後天的に形成・保持し、③伝統・因襲として各自が受け継ぎ身につけて行く生活の様式と意識・行動の傾向のすべて、それが〈文化〉です。――もっとくだいて言うと、「文化というのは、そんな難しいものじゃない」「（ドイツ流の）『理念』なんてものじゃなく」「実はわれわれ人間の生活の形なのです」（長谷川如是閑『私の常識哲学』）。その生活の形とはつまり「食事のとりかた、挨拶のしかた、喧嘩のやりかた、冠婚葬祭のしきたり、売買契約の交しかた、選挙のやりかた、その他生活様式万般」なのだと、平易・巧妙にわからせてくれたのは法哲学者碧海《あおみ》純一教授（『法と社会』）でした。

それらは、同じく「文化」と言っても、文化の日・文化勲章・文化国家……などと言う場合の、特別に洗練された高度の人為的所産としての文化――それを高文化（high culture）と呼んで区別する――とは意味が違います。もっと日常的な、「市井の人」（ベネディクト）が皆持っている生活の形のことです。

◎社会的遺伝の重み

このような生活様式やそのベースにある物の見方・感じ方・考え方のパターンが、世代から世代へ伝えられて伝統・因襲となるには、生物学的遺伝とは別の〈社会的遺伝〉（リントン）という、大きな伝承の営みが絶えざる時の流れを通して行われています。

社会心理学の先導者ル・ボン（Le Bon）が、「死者は広大無辺な無意識界を支配するもので、一国の民は、生者よりも死者によってより多く指導されるものだ。（中略）死者は歳月を重ねて、われわれの思想を作り感情を作り、従ってわれわれの行動のあらゆる動機を作ったものである。この意味でわれわれは功過二つながらにこれを死者に受けている」（『民族心理学』）と言ったのは、祖先伝来の社会的遺伝が、集団のメンバーの way of life に及ぼしている力の大きさを強調したものです。

こうして作られる巨大なタテの流れのうちに〝人類学の父〟タイラー（E. B. Tylor）の言う「知識、信仰、芸術、道徳、法律、慣習その他、およそ人間が、社会の成員として獲得した能力や習慣のすべてを含んだ複合的全体」である文化が、各集団ごとにユニークな〈型〉（pattern）として形成され伝達されてきました。その複合的全体の構造はさまざまに内部区分されますが、いま、大づかみに二分することもできます。

◎意識と行動の型

一つは、マテリアル・カルチャー（material culture）、すなわち住居のスタイルや衣服の様式や、道具の使い方（例えばカンナやノコギリを使う際、日本人は手前に引く時に力を入れるが欧米人は向うへ押す時に力を入れる…など）のような、物的な所産（有形の文化財）やそれを作り用いる技術などの〈物的文化〉です。

もう一つはメンタル・カルチャー（mental culture）、すなわち〈心的文化〉で、制度や慣習を含めて無形の心理的・精神的傾向に属する多岐・多面的な事象です。長谷川如是閑が「（生活の）形というものは、物にあるように心にもあるものなのです」（『私の常識哲学』）と言った、その〝心の形〟のほうです。信仰、習俗、道徳や法的感覚なども含め、先に〝○○人らしさ〟として例示したような、心理的反応のパターンはまさに心の形で、前出の「挨拶のしかた、喧嘩のやりかた……」などはその適例になります。ベネディクトが、日本を「最も気心の知れない敵」だと言った、その「気心」に至っては、それこそメンタル・カルチャーの核心部分とすべきものでしょう。それを核心として〝○○人の精神空間〟の総体が形成されているのです。

この本の、特に第一部で、〝○○人らしさ〟、とりわけ〝日本人らしさ〟に焦点を当てる場合は、〈文化〉の重点を、当然、メンタル・カルチャー、中でも特に集団が保持する〈意識と行動の型〉に置くことになります。ベネディクトが『菊と刀』のテーマにした「日本をして日本人の国たらしめているところのもの」も、それにほかなりません。

第二章　言語というもの

◎言語の本性――記号の体系

こうして文化を語る時、見忘れてならないのは、〈言語〉という博大にして複雑・精妙なシステムが、一見、文化全体から独立したような形で、じつは文化の一部として存在している、というきわめて重要な事実です。

「社会というのは人間の集団ではあっても、ただ集まっているというだけのものではない。おたがいに交渉する人々の集まりである」（築島謙三『ことばの本性』、傍点引用者）――相互交渉（コミュニケーション）を営むことで動くからこそ人間社会であり、交渉の手段である言語を抜きにすれば人間の生活は考えられません。そこで、文化の不可欠の一部としての言語というのは、どんな本性を持ったものなのでしょうか。

アニマル・シンボリクム（animal symbolicum）――つまりシンボルを操作する動物が人間だと、カッシーラー（E. Cassierer）は言いましたが、その通り、人間は、色や形や音響などの手段によるさまざまの記号（symbol）を作り出し、運用することによって、実在（外界の事物や意識内容）を表現し伝達し合って来ました。人間が作り、用いているシンボルの最も代表的なものが〈言語〉です。

言語（language）という記号のシステムの主な特質は、第一に、音声――人体の一部の生理的器官から発せられるオト（phone, sound）です。しかも、その音声は、分節（articulate）された音声で、限られた数の単位音（母音や子音）が全体で一つのシステム（日本語の〝五十音〟のような）を成しています。そのような〈言語音〉は、クシャミ、セキばらい、悲鳴、笑い声のような、分節もなくシステムもない非言語音とははっきり異なります。

第二に、言語音は意味を担うための（シンボルとなるための）音声ですから、いくつかの音が結びついて意味を持った単位記号（個語）が作られます。つまり単語（word）です。そして、何万にも及ぶ単語が意味を分担し合った大きな体系が出来ている、その全体を語彙《い》（vocabulary）と呼びます。

第三に、それらの、意味を持った単位は、一定のパターンで組み合わされて更に上位の単位を作ります。つまり単語が結びついて連語（phrase）を作るわけで、連語の中で最も上位の、画然たる基本単位がセンテンス（sentence）です。さまざまのレベルの連語が作られるには、単語を配列し、意味の脈絡（文脈、context）を形成するための定まった秩序がなければなりません。その秩序、もしくはメカニズムが〈文法〉です。

この第一、第二、第三のレベルが層を成して統合された巨大な記号の体系が〈言語〉です。それは言語学者ソスュール（F. de Saussure）が特にラング（langue）と呼称して言語学プロパーの主要な研究対象と規定した文化領域です。

◎個別言語——一組の〝風習〟

日本語もその記号の体系の一つなら、英語・スペイン語・ロシア語・ヘブライ語・アラビア語・マライ語・朝鮮語・トルコ語・ハンガリー語……どれも皆、それぞれ別個で独自の記号の体系です。それら一つ一つを〈個別言語〉と言いますが、現在、地球上にはおよそ六千から七千ぐらいの個別言語が存在すると見られています。

一国民の言語とは、国民の各員がそれによって相互に伝達し馴れている一、組、の、風習である。

（O・イェスペルセン『人類と言語』、須貝清一・真鍋義雄訳、傍点引用者）

この言い方を借りれば、地球上には何千組かの言語の風習がある、ということになります。

われわれが、母語でない個別言語、つまり外国語を学習する際、①発音、②単語、③文法のキマリを習得して行かなければならないのは、個別言語ごとに、三つのレベルにわたって、使用集団内での約束（暗黙の合意）が異なっているからです。その約束事（つまり風習）の内容を学ぶのが、せまい意味の「語学」学習です。

　個別言語ごとの独自の風習（社会習慣）は厳格に決まっていて、決まった約束を踏みはずすと相互の交渉が不可能になります（ことばが通じません）。そこへ行くと、言語以外の文化の内容、「喧嘩のやりかた」「契約のかわしかた」「選挙のやりかた」や人々の「気心」などは、大まかな傾向は社会の中で一定していますが、社会習慣に外れることが許されないほど抜きさしならぬものではありません。例外の許容度が、言語の場合よりはずっと大きい、それだけルーズなものです。つまり一般の文化は、人々に「分有」されていても個人差の度合いが言語体系の場合より大きいのです。

　言語という「風習」のシステムは、他の文化領域に比べて、輪郭と内部構造のはっきりした文化領域です。つまり、記号の体系を成すための独自の法則（例えば文法のメカニズム）があり、それがはたらいて作られたシステムなので、一六三～七ページなどでも触れるように、自律的性格もしくは自己完結性が際立って強く、他の文化領域と接し、交り合いつつも、他の領域に対して排他的な別個の風習の世界が形づくられています（文化から独立したような観さえ呈するゆえんです）。

　だから、ここまでは日本語、こっちは英語、と、個別言語の境界ははっきりしていて、いくら日本語の中に沢山の英語の単語が流入していても、体系《システム》としての両者の区別がぼやけていることなどはありません。一方、喧嘩のやり方なども含めた人間の振る舞い方（行動スタイル）といった、例外許容度の高い部分になると、例えば話しながらうなずく日本人が多い中で、うなずくことを全くしない日本人もいて、日本人の文化と非日本人の文化の線引きが必ずしも画然とは行きません。

●壮大な〝象徴の世界〟

シンボルの一種である言語は、音（人体から発音に必要な器官を操作して生み出される音響、すなわち音声）の結合と連続によって線状を成す物理的な存在ですから、その面だけ見ればマテリアル・カルチャーに属します。集団のメンバーが共有する有形の文化財です。

ところが、その音は意味を担っています。人間が意識した内容を音によって代表させたものです。このように、メンタルなものを物的な形で代表させるのは、言語（及び文字）に限らずあらゆるシンボルに共通の本質ですが、言語が代表する心的な意識内容は、果てしもないほど広く深いものです。カッシーラーの言う〝象徴の世界〟の壮大さがそこにあります。

その壮大さは、まさしく、人間の言語に固有の本性から生み出されたものです。――人間の言語は、何種類かの動物が作り出したシンボルの諸々とは決定的に質が異なり、さまざまのレベルの抽象的な概念を代表できます。単位記号である単語は、具体的な個物を指すこともできる以外に、何段階にもわたる抽象的な概念を示すことができます（人間特有の抽象能力と表裏するものです）。更に、文法に従って個語を組み合わせセンテンスを構成する機能があるために、高次の意味の脈絡が作られ積み重ねられ、いくらでも複雑な思考を行なってその内容を表現することが可能です。入り組んだ事実経過を詳細に叙述・伝達することも、複雑な論理を組み立てて思想を形成し展開することも、そしてまた美しい情緒の表現を語句の組み合わせに託することも可能です。

このようにして生み出される多様多彩、スケールの大きな〈意味世界〉（築島謙三『ことばの本性』）は、言語（及び文字）以外の、どんな種類のシンボルによっても形成できるものではありません。

センテンスを基本の単位とし、それを連ねて作られ、時間に従って展開するメッセージには、挨拶や会話、講義・講演、手紙文や契約書・法律の条文・記事・論文など、長短・大小さまざまあります。更に、それらさまざまのメッセージの集積が、民俗的・芸術的・宗教的・学術的産物として集団に共有され伝承・愛護されているもの（ことわざ・民話・昔話・神話伝説・民謡や小説・詩歌・経典・科学論文・哲学論文……等々）があります。

それら、日常的なものからきわめて高度なものまで、大小すべてを引っくるめて〈言語作品〉と呼びますが、その中の超高度の作品まで視野に入れると、言語という記号の体系と表裏一体になって形成された精神世界は、人知の可能性を最大限に示す広大・深遠なものだと、感嘆せずにはいられません。物的な記号のシステムが無限に高い精神文化をも担っている、と言うべきです。

それぞれの個別言語は、それを身につけて育った個人にとっては〝母語〟です。かれにとって母語はほとんど「無意識界」（ル・ボン）の存在に属し、まるで〝空気のようなもの〟ですが、それは他の文化一般と同じく、世代から世代、時代から時代への博大な〝伝承の系列〟の中にあり、ル・ボンの言う「生者よりも死者によってより多く指導され」積み重ねられてきた、かけがえのない精神的文化遺産、その最大のものです。

無意識であればあるほど、深く静かに、最も根源的に、われわれの精神活動を支配する文化遺産だと考えられるのです。さかのぼれば「文化そのものが、もともと人間の経験や知識を記憶し蓄積し伝達し、また、それにもとづいて思考することを可能ならしめた言語のはたらきによってこそ生まれえた」（石田英一郎『文化人類学序説』、傍点引用者）ものだったのです。

こうして、例えば日本語なら、それに裏打ちされたところの、日本人の世界、日本人の精神空間が動かしがたく存在することが見出されてきます。その精神空間が日本の「文化」の核心部分です。ここに、言語が、決してただの物的なメカニズムに非《あら》ざるゆえんがあり、そして、人間がアニマル・シンボリクムであることの意義があらためて認識されることになります。

◎言語行動――コミュニケーションの核心部分

ところで、言語は、シンボル一般と同じく、それを人間が操作・運用することによって、はじめて人と人との間で生かされます。つまり、言語は、人の脳中や辞書の中に蓄えられて静止している（イェスペルセンの言う「潜勢的」の段階）にとどまらず、音声（肉声）となり、あるいは文字（言語の第二次記号）に写されることによって、人間社会にその生きた姿を現わし、人と人とのかかわりを作るものとして躍動します（その現実の姿を知覚するうちに、これは日本語だ、英語だ、いや未知の言語だ、などと忽ち弁別することができます）。――このような、現実に言語を話し・書き・聞き・読む行動を〈言語行動〉と呼びます。前に言及した「会話の運び方」などは言語行動のパターン（文化的な型）の一例です。

先に例を挙げた大小・高低無数の「言語作品」は、日常のあっけない会話から大演説、大論文や長篇小説に至るまで、すべてこの言語行動（特に、話す・書く）を通じて生み出された産物にほかなりません。

言語行動は、基本的には社会行動（人間が、人々と共に営む社会生活の中で、他のメンバーを相手に行なう行動）の一部です。それもきわめて重要な、不可欠の一部で、社会行動の中枢とも本体とも言える部分です。――人が人との間で発信し受信する対人行動、つまり〈コミュニケーション〉の主要部分が言語行動なのです（言語によるコミュニケーションをverbal communication と言います)。

アニマル・シンボリクムとしての人間の言語行動が、それほど重要なものであればこそ、「言語というものは、それ自体が文化の一部でありながら、同時に文化の不可欠の媒体として特別の地位を占め」(碧海純一『法と社会』)、「文化を一つの構造体として結合し、それに有機的な機能をいとなませる、いわば神経系統のような役割を果たす」(石田英一郎『文化人類学序説』)という、言語の真骨頂が発揮される結果を生むわけです。

そこで、有機的な機能を営む文化全般と、営ませる言語との間には、表裏渾然、濃密きわまる関係が生じており、一般に想像されるどころではない緊密なフィードバックが行なわれているのです。ここに、言語と文化一般とのかかわり合いが興味深いテーマとしてクローズアップされ、更には「言語と文化」という二元の構図から進んで「言語文化」という融合的概念に至ることまで展望されてきます。

日本に焦点を合わせれば、〝日本語らしさ〟と〝日本人らしさ〟を、いくつかの次元で二重写しにすることが出来、両者不可分の吻合的部分も考察の対象に入ってきますが、それらの具体的内容は、この本の第一部、第二部で順次説いていく予定です。

第三章　文化共同体と言語共同体
――民族・民族性・民族語など

◎言語圏と文化圏

言語を含めた文化を担うのは人間の集団です。

六千以上もある個別言語のどれかを用い、各様の文化の〈型〉を形成・伝承した無数の集団が地球上に入り乱れて同時存在し、それに応じて地表にはそれぞれの言語・文化の分布領域が出来ているので、多彩で壮大な分布図が描かれて行きます。まさに地球は一色ではありません。

例えば、ヨーロッパと南北アメリカ大陸の大部分にはインドヨーロッパ語族という系統の言語群、中近東からアフリカ大陸北部にはセム語族・ハム語族、南太平洋からインド洋にわたる広汎な部分にはマラヨ・ポリネシア語族に属する大言語群が分布する……という風に、それぞれにユニークな〈言語圏〉が存在します。

また、例えば古典的名著、和辻哲郎『風土』で、モンスーン・沙漠・牧場と、有名な三つの典型が立てられたのは、自然環境と人間生活の歴史の相関が形成した文化の巨視的な類別にも当るもので、それぞれの存在領域は地球上に大まかな〈文化圏〉を成すものと言えます。大まかな類型から、更に多くの分類基準を併用すれば、地表の文化圏はなお細分されます。

日本を含むアジア・モンスーン地帯はおおむねユーラシア大陸の南縁に沿って連なる農耕文化圏のうちで「稲作農耕文化圏」を成していますが、対馬海峡をはさんで、日本という島国はまたユーラシア大陸側の文化とは異質の面をいくつも示している、という風に、マクロからミクロに、文化の型の要素の異同に応じて文化圏は幾段階にも分割されて行きます。

文化圏にせよ言語圏にせよ、それは国境によって隔てられているだろうと、一応の目安を立てることは出来ます。しかし、それはどこまでも目安であって確乎たる境界線になるものではありません。例えば、家屋の中が個室に区切られ鍵を用いて生活する文化は、ユーラシア大陸の諸民族の居住地域を超え国境を超えて朝鮮半島の南端にまで広まっています。一方、対馬海峡をはさんだ日本列島だけが先年まではフスマと障子の生活で鍵の文化を持たなかった。ここでは国境が文化圏の境界と一致しました。一方、後述の複合民族国家などでは一国の中に文化圏、言語圏の境界線が引かれることも珍しくない。――ですから、文化や言語による地球の色分けを考える立場では、文化事象・言語現象そのものを見て、共通の現象の分布する限界（著者はそれを〈等象線〉と呼びます）を見つけることが先決で、それと国境線は一致したり食い違ったり、多様なのです。後述の通り、文化の分布領域と特定国家の存立地域は同じとは限らないので、等象線と国境線の食い違いは不思議なことではありません。

〈文化〉を担う共同体——民族

さて、人類が太古から地表を棲《す》み分け、それぞれのムレが固有の生活空間（生活圏）を持った結果、空間ごとの営みを積み重ねるうちに「生活の型」が発生し根づいた、それが〈文化〉ですが、同じ文化によって結ばれている人間の集団（＝社会）を〈文化共同体〉（cultural community）と言います。

地球上には無数の文化共同体が並存（同時存在）していますが、最も代表的・基本的な文化共同体が〈民族〉です。

民族のメンバーは、言語をはじめ物的・心的両面の way of life を共有し、共通の歴史的運命をたどってきたことが客観的にも認められ、また、メンバーの主観においても同一民族だという一体感が抱かれているのが原則です。民族を言う nation は、nature や native と語源が同じで、地表に分立する生活圏ごとに自然発生した集団だという本質を、この語が反映しています。

民族性——文化の核心部分

基本的な文化共同体が民族であるなら、前から言ってきた〝○○人らしさ〟〝○○人の精神空間〟の根幹は〝〇〇民族らしさ〟〝〇〇民族の精神空間〟ということになります。

メンタル・カルチャーの中枢部分、したがって〈文化〉の最も核心にある「意識と行動の型」を民族について見た場合、〈民族性〉という呼称と概念が登場します。national character と称されていますが、むしろ national mentality と名づけたいところです。

意識と行動の基本傾向としての民族性は、E・フロムらの用語を借りれば〈社会的性格〉(social character) の一つです。すなわち、ある一つの集団の大多数の成員がもっている性格構造の本質的な中核とも言えるもので、民族の大多数のメンバーによって「分有」(リントン)され個々人に内面化されているものです。石田英一郎教授がつとに着眼し『東西抄』その他で再々強調された日本民族のコア・パーソナリティー (core personality) にしても、三千年にもわたる社会的遺伝によって人々の内面深く分有された〝心の形〟を意味するものにはちがいありません。六ページに引用した「ビールの泡」の作り話も、まさに民族性の標本を飲み込みやすく例示する試みだったわけです。

なお、民族性とほとんど同じ意味で〈国民性〉とも言いますが——そしてそれはごく大まかには妥当なのですが——、後に述べるように、民族と国民は同一概念ではなく、そして、文化を直接に担う共同体は民族ですから、文化の核心部分は「民族性」と呼ぶのを基本にしましょう。

ただし、これも後述のように、例えばアングロサクソン民族が、イギリス国民・アメリカ国民……などに分かれているような場合、イギリスの国民性、アメリカの国民性……などの呼び方が妥当です。日本は〝単一民族〟の国に近いので日本人の民族性と国民性を同じに扱いがちですが、国内に住む少数民族には少数民族の民族性があり、そこまで含めて「日本の国民性」と一まとめにしてしまったら完全に厳密だとは言えません。

◎民族語――民族の精神的血液

さて、民族のメンバーに共通帰属意識を抱かせる、最も強力な要因は使用言語です。母語を同じくすることは、民族の客観的標識として最も有力な事実であると共に、メンバーを心情的に結びつける絆でもあります。

民族は、育んできた文化と同時存在で一定の地域に土着しているのが原則ですが、例外として、国土を奪われて四散したケースや、遊牧などを生業として地表を移動しているケースがあります。土着していなくても同一民族であるのは、文化の諸要素、とりわけ共通の言語（母語）が失われず、それが集団に対し求心力を発揮しているからです。まさに母語は民族の精神的血液です。

そこで、地表に存在する数多の個別言語のうち、民族と認知された集団の母語であるものを、その民族にとっての〈民族語〉と呼ぶことができます。日本語は日本民族の、朝鮮語は韓民族の、英語はアングロサクソン民族の、民族語です。――民族と言語は同時概念と言えるのですから、「民族語」という呼称を積極的に使っていくべきだと思います。

なお、この本での用い方と少し違った意味に「民族語」の称を当てることがあり、また、民族語が同時に「国語」でもある場合がありますが、それは後で説明します。

このようにして、〈文化共同体〉である民族はまた〈言語共同体〉(language community)でもあるわけですが、文化共同体と言語共同体がいつでも一致するとは限りません。例えば、イギリス人とアメリカ人は、同じく英語を母語とするアングロサクソン民族で、両者の社会は、言語共同体としては同一と認められます(双方の英語に方言的な差異があっても)。そして同一民族だという意識も強固ですが、ただし双方の文化は大きく隔たっています。対人態度も美意識も諸々の文化産物も異なり、発散する雰囲気(いわば身体化された文化、とでも言うべきもの)も対照的なぐらい違う。文化共同体としては、英・米は二つに分かれていると見るべきです(両者は互いに文化のギャップを感じ合い、「気心」の相違に複雑な感情を抱き合っているようです)。同様に、ポルトガル人とブラジル人、スペイン人とメキシコ人も、それぞれ同じ言語を母語としていますが、文化共同体としても同一と見るのは無理なようです。

ただ、「英語圏の文化」「英語国民の性格」といった言い方もするので、言語が共通なら意識の上にも共通性がある、という常識的な見方があることも否定できません。

◎国家と国民

ところで、イギリス人とアメリカ人を例にとると、両者の間では、母語（民族語）が客観的標識にもなり主観的・心情的な拠りどころにもなって、同一民族だという認知が維持されていますが、生活空間（国土）が隔たり、別々に歴史が積み重ねられた結果、かなり（完全に、ではないが）異なる文化が発達してしまったことになります。——ここに、文化の形成や保持、そして変容にも影響する〈国家〉という共同体の存在が考慮に入ってきます。

文化共同体であり、また利益共同体でもある民族は、統一的政治組織をもった社会集団としての国家の母体になり基盤になるものです。

一民族で一国家が作られている場合もあれば、複数の民族が相寄って一国家（複合民族国家）を成している場合や、一民族が二つ以上の国家に分かれて属する場合など、さまざまありますが、何れにしても、民族という共同体が基本単位になって国家が成立しています。

民族のメンバーは、ある国家に属すれば、同時に〈国民〉になります。——日本民族は同時に日本国民であり、国内少数民族であるアイヌ民族も日本国民です。一方、同じアングロサクソン民族でも、所属国家の違いによって、イギリス国民・アメリカ国民・オーストラリア国民……などに分かれます。韓民族も、南北朝鮮、二つの国家の国民に分かれているのが現状です。また、アメリカやオーストラリアの国民には、アングロサクソンのほかに多種の少数民族が含まれており、他方、ベルギーなどでは勢力均衡する二つの民族が水と油にも似た形で一つの国民を形成しています。五つの主な民族に少数民族まで加わって〝民族と文化のモザイク〟（加藤雅彦『ドナウ河紀行』）を成したユーゴスラヴィアという多民族国家は、一つの国家・国民としての統合を数十年しか保つことができませんでした。

〝自然民族〟が国家の母体

民族は言わば自然発生的な共同体ですが、一方、国家は、民族を基礎集団にして政治的ワク組みの与えられたもので、発生の順序としては民族が国家に先行しています。つまり生活（文化）が先にありその基礎の上に政治組織が作られて行きました。長い歴史のある地域では、文化・言語の境界が自然に生じた後、それが国境にもなったのが通例です。

ただし、国家が生まれたことによって更に民族の統一が促進され、文化の共通性と共同体の一体性が強化される事情がはたらくことも、歴史上には存在します。例えば、遅くも弥生時代には現在の日本民族に相当するものがすでに形成されていて（日本民族という名称は勿論まだなかったが）、後に西暦四、五世紀の頃になると日本列島には大和朝廷による統一国家が作られたが、その国家の成立が日本民族の生活空間に政治的秩序をもたらし、文化的・言語的共同体の存在をいよいよ決定的にしたと見られる（石田英一郎『日本文化論』）ような場合です。

現代の地球上にも同類のケースがあると指摘されていますが、また他方、旧ソヴィエト連邦に抱え込まれていた一〇〇もの民族が、その間それぞれの文化的個性を固守し続けた例もあります。更に、バルカン半島のような、国家の興亡変遷と民族の離合集散が絶えることのなかった「民族の十字街」（芦田均『バルカン』）ともなれば、民族と国家の関係はすこぶる錯綜して、単純な図式化を断念させるほどのものがあります。

なお、この本の立場と違って、資本主義の形成によって〝民族〟が成立したとし、それの結集したものを〝国家〟とする学問上の立場もあります。しかし、それに従うと、いま述べた、遅くも弥生時代には現在の日本民族に相当するものが形成され、その後、日本の国の原型である、いわゆる古代国家がこの列島に成立した事実などは、まるで歴史以前にすぎない話のように扱われて民族の継続性は無視されてしまい、ひどく均衡を失するので、次の通りに考えるのが妥当です。

（資本主義の形成により国家に結集されるような）民族の成立以前に、やはり一定の地域に何らかの文化的共同体が存在し、それがまた民族とも呼ばれ得ることを認めないわけにはゆかない。後者の民族も多くの場合――近代国家とは性質がちがうが――国家を形成している。

（林健太郎「国民的利益と階級的利益」―『流れをとらえる』）

そして、その後者の民族が資本主義以後も引き続き存在している、と解するのです。

民族の成員が国家を認識し国民としての政治的自覚を持つ以前の状態、すなわち日本の弥生時代にはもう形成されていた文化共同体に見られるような〝自然民族〟こそ、後世に成り立つ近代民族の基礎となる集団であり、近代国家成立以後もそのまま存続して国家の母体であり続けているものです。——そのような視野で見るなら、二千数百年、三千年にも及ぼうとする長い時間にわたり連綿と続く民族性の核心、いわば〝永遠の日本人〟（石田英一郎）の存在を認識することがはじめて可能になります。ル・ボンが、代々の祖先は「歳月を重ねて」われわれの意識や行動を作った、と言った、その「歳月」を近代資本主義以後などに限ってしまったら、悠揚たる大河のごとき文化の生命の流れは感得できません。

●国語（国家語）、母語（母国語）

民族が近代国家を形成して「国民」にもなった時、その国家の中枢を形づくっている民族の言語は、その国の〈国語〉（国家語、national language）となります。

日本語は、日本民族形成の太古から、その民族語であり続けましたが、近代国家日本が発足するに伴ない、その「国語」でもある、という位置づけが明瞭になりました。

日本における日本語や、世界二十以上の国家におけるスペイン語、イギリス・アメリカ・オーストラリアなど数ヵ国における英語のように、その国内での最有力言語という地位がはっきりと得られた場合は、民族語は同時にそのまま国語の座をも占めます。

ところが、カナダでは英語とフランス語が拮抗して両方が〝公用語〟と認められ、〝国語〟をどちらか一つに限ることができません。同じように、ベルギーではフランス語とフラマン語が、スイスではドイツ語・フランス語・イタリア語・ロマンシュ語が、何れも〝公用語〟として並立していて、その一つだけを代表として国語（国家語）と定めることはできない事情にあり、結局それらすべてを国語とするという苦渋の決定？　に至っているようです。シンガポールなども系統の異なる四つの公用語並存を憲法で定めました。

一方で、国家の中枢になっていない少数民族、例えば日本におけるアイヌ民族の言語などを〝民族語〟と呼んで国語に対置する行き方もあります。ここでは、それと異なり、例えば「日本語は日本民族の民族語であり同時に日本国の国語、アイヌ語はアイヌ民族の民族語であり同時に日本国内の少数民族語」という概念の区分を採ります。同様にして、メキシコ国家の国語はスペイン語で、同時にアステク諸語・マヤ語・サポテク語・タラスコ語・ミシュテク語その他の少数民族語が存在する、イギリス国内には英語と並んでケルト系の少数民族語（ウェールズ語、スコットランド・ゲール語など）が存在し、アメリカ合衆国やオーストラリアにも英語のほかに多種の少数民族語が存在する……と説明することになります。

◎「母の言葉」の重み

地球上には約六、七千の個別言語があると見られる、と前に言いましたが、その中には、国家語の地位を持っていないものが多数です。例えばインドネシアには五六七の言語が存在すると言われますが、国語と定められたインドネシア語以外の五六六もの個別言語は国家語の地位を持たないわけです。しかし、どの言語も、それを用いて育まれた集団の人々にとっては、かけがえのない母語です。その使用集団（言語共同体）の成員にとって母語の有する価値には、何ら高低の差はありません。使用人口が多数でも少数でも、使用集団が国家の中枢に位置していてもいなくても、その国家が強大だろうが未開発だろうが、一人一人のメンバーが母語によって育ち、母語によって生き、母語によって共同体を維持してきた、その恩恵とえにしの深さには何の差異もないのです。

かつて朝鮮半島を日本国家が統治下に置いた時代、〝外地〞に土着する少数民族として遇された韓民族にとって「歳月を重ね」た「精神的血液が何であり、小児の時代の記念が何であり、そして彼等にとって母の言葉が何であるか」（時枝誠記『国語研究法』。後に『国語学への道』と改題）――それは民族語である朝鮮語以外の何語でもなかった。そこへ〝公用語〞としての日本語を普及させた日本語教育の本質は、時枝教授が喝破し強く批判された通り外国語教育にほかならなかったのです。

日本国内で近年唱えられた〝英語第二公用語論〞は、日本人が一人残らず「分有」している文化としての民族語と、異文化として移植しようとする異系統の言語体系との本質の弁別が不明確だったのか、「母の言葉」と外国語との重みの差違に対する体感の浅さを感じさせるものでした。

日本人が日本語を「国語」と呼ぶ場合は、国際社会に位置づけられた日本の国家語だと常に意識しているよりも、そうした視野を抜きに〝自国語〟〝母語〟という意味で呼んでいることが多いでしょう。英米で‘national language’が日常語でないのとは違い、日本語では「国語」がごく普通に使われる単語であるのは、公的位置づけを持つものという意識につきまとわれていないからです。

個別言語、民族語、国家語……これらの称がもっぱら客観的な視点で言われるのに比べ、「国語」という日常の呼び方には、もっと主観性があり、日本人の自国語への愛着が感じられ、また歴史感覚が感じられます。

〝自然民族〟時代の母語も、近代国家の中枢民族としての日本民族の母語も、その間に何ら断絶はなく、共に「日本語」と呼ばれるべき同一の個別言語です。その言語体系が、近代になって国家語の地位を占めた時よりもっと大昔から日本人の「国語」だった、というのがわれわれの実感です。

その民族の精神的血液が脈々として承け継がれ生き続けた三千年近い歳月のうちに、日本人の生き方・感じ方・考え方と、日本語の構造や用いられ方のパターンの間には、相関関係が深まって行きました。文化と言語の、更に限定すれば民族性と民族語の結びつき、フィードバックです。

ただし、言語は、一五ページに言った、自己完結的で排他的な本性をも持っていますから、言語のすべての部分が文化と結びつくとは言えないことは、言語学者E・サピアも「文化の型と言語構造との間には全般的な相関関係は存在しない」（『言語・文化・パーソナリティ』平林幹郎訳、傍点引用者）と指摘し、「一部の社会学者、人類学者」が、言語から文化が把握できることを過信しているのを戒めた通りです。

そのような留保だけは必要ですが、以下の第一部、第二部にわたる叙述では、両者がポジティヴに結びつく部分に進んで光を当て、語りながら、日本人像を日本語像に重ね合わせて描きあげる一つの試みを示そうと思います。

第一部　日本人の精神空間

――キーワードで描く〈凹型文化〉の像

第一章　序　説

――日本人像を知る〈文化の索引〉

◎隔絶した文化の「島」――日本列島

日本語を母の言葉とし、それを媒介として集団の個性を育み、その中に生きてきた人間たち――日本民族の一貫した生活空間は、アジア・モンスーン地帯の東の辺縁、暖流のめぐる「無限に豊饒な海」（和辻哲郎『風土』）の上に孤絶した日本列島でした。

その列島が「本質的に逆説と変則の国」（オールコック）だというのは極端としても、言語学者鈴木孝夫教授も、日本は風土・歴史その他の点で「他の多くの国々とはきわ立った特質をもっている」（南博編『日本人の人間関係事典』、傍点引用者）と見ています。物理学者寺田寅彦が、つとに、日本は地理的にだけでなく文化的にも周囲と隔絶した「島」だと、その個性を断言していたのと共通する立場です。

広く地球上の諸文化を探検・踏査した民族学者中尾佐助教授に至っては、「日本こそ世界の最後の秘境だろうね」と語ったそうです。不思議発見の究極の民族――とまで日本人は位置づけられてしまいました。

隔絶した島国で、族内婚《エンドガミー》をくり返し混血の少なかった日本民族が、地球上で文化的な少数派もしくは異端者だとしたら、そのユニークさは、文化の型、突きつめれば民族性のパターン、つまり「気心」のありようにあります。そのありようは、古今、内外の諸家によって分析され論じられてきましたが、この本、特に第一部では、言語と文化、民族語と民族性がフィードバックし合う部分を照射することを通じ、日本人が日常生活では案外自覚していないかもしれない民族の〝心の形〟を、あらためて説き明かすことを試みます。

その際、「日本人」と一括する中には個人差も世代間の差もあることを含みつつ、それらを超えた日本人の〈社会的性格〉が対象になります。また、地域差の存在も当然わきまえた上で、悠久の昔に複数の源流から大きな河川に合一した日本民族が、その歩みのうちに形成し到達した姿を描きます。積み重ねられた伝統の結果、現代に生きる「総体としての日本人の心の形」をテーマにするのです。

〈文化の索引〉――指標語句

ここに登場するのが民族語――われわれの日本語です。

「言語は文化の乗り物である」と文化人類学などでは言い、更に限定して単語（words）を〈文化の索引（index）〉になると見てきました。

古典的名著、九鬼周造『「いき」の構造』は、具体的な語句が「その民族の存在の表明として、民族の体験の特殊な色合《いろあい》を帯びていないはずがない」と言明し、「民族的色彩の著しい語」の一つとしての「いき」の概念内容を精細に分析しました。「いき」に限らず、

勿体ない・なつかしい・やるせない・仕方ない・義理・恥・世間体・貸し借り・先輩・後輩・さわやか・蟬時雨・気・勘・こつ・きめ・肌合い・湯あがり・風情《ふぜい》・いそしむ・頑張る・ほのめかす…

など、日本人の意識と行動の型の特性と深く結びついた単語は数え切れません。

明治年間、有名な新渡戸稲造『武士道』に言われた「民族の『音色』ともいうべきもの」(奈良本辰也訳)を含有した単語群です。ドイツ語学者藤平誠二教授(『日本人の住むことばの世界』)の呼ぶ〈文化的特性語〉にもほぼ相当するでしょう。つまり民族性を宿したキーワードです。

文化的特性語と呼べるようなものは無論どの言語にもあり、「民族的特彩」という概念を強調した『「いき」の構造』は、フランス語のesprit《エスプリ》、ドイツ語のSehensucht《ゼーンズーヒト》(明るい南の世界へのドイツ人の悩ましい憧憬)などを例に挙げました。新渡戸稲造は、ドイツ語のGemüt《ゲミュート》を、英語ではmind, soul, heart, disposition, spirit, feeling…などと訳すものの、翻訳を通じて

はよりよく言い現わすことのできない〝民族の音色〟の例として示しています。

英語のリラックスやレクリエーション、に相当する日本語は存在しませんでしたが、存在しない事実そのものがまた日本人の文化的特性を物語るわけです。反対に「いき」が西洋語に存在しないのは、西洋文化ではその「意識現象が一定の意味として民族的存在のうちに場所をもっていない証拠である」(九鬼周造、前出書)。その語が過去から現在まで欠けたままだという事実は、いわば文化の〝消極的索引〟になります。

文化の索引になる語の多くは、その民族の常用語・頻用語、時には愛用語で、勿論、自民族を知る索引などとは意識しないで使っているものです。また、キーワードと言っても索引は単語とは限らず、慣用句 (idiom) を主にした連語もあります。

何分ともによろしく・その節はどうも・すみません・言わず語らず・目は口ほどに・角が立つ・しこりが残る・円くおさまる・どこへともなく・いつとはなしに・水に流す…

また、ことわざを代表例とする作者不明の言語作品にも、特定個人による文芸作品中の一句や劇のセリフ、会話の断片からも、愛用句として定着し索引に適するものが生まれます。

この本ではそれらを総合して〈文化の指標語句〉と呼ぶことにし、日本人描写に活用します(ただし言語体系の中には索引に適さぬ部分もあるので注意を要します。そのことについては一六二ページ以下に説明します）。

◎〈凹型文化〉——日本民族の像

指標語句と文化の実態を照らし合わせながら日本人を考察して行くと、どんな民族性が描出されるか？　日本人はどんな意識構造をもって生きているのか？　——ベネディクトの言う「気心」の特性、〝日本人らしさ〟を要約すれば

㈠自然との調和・一体感
㈡他律・他人志向
㈢非分析・非言語・直感的認識
㈣自己内修養・心情主義
㈤陰影・余情の愛好

などだと考えます。それはつまり、㈠自然観・宇宙観、㈡対人意識・社会認識、㈢事物認識、㈣道徳意識、㈤美意識、それぞれの特質です。

ここから浮き彫りになる日本民族の像は、「おだやかで、内気で、物事に徹底せず、まじめで、キメの細かい」ややスケールの小さい人間たちの集まり——です。外向より内向、攻撃より忍従、対立より和合、原理原則より現実適合、目標達成志向よりは集団（個体）維持志向。

剛ではなく柔、総じて〈凹型文化〉の民族です。

凸型に対する凹型民族だとすれば「日本が〈受容型〉なのに対して、ヨーロッパはあくのつよい〈進出型〉」（鯖田豊之『日本を見なおす』）だという対比とも合致します。更に、ヨーロッパ人の「しぶとさ、しつこさ、タフな神経」を指摘し、日本人は太刀打ちできないとする石田英一郎教授が、中国や欧米での生活体験に基づき、西洋的な文化のパターンのほうが中国などにも共通していて（クラーク教授と一致する見方）、「日本文化のタイプよりも、一般的、普遍的」（『日本文化論』）だと論じた〝日本文化少数派説〟にも適合します。

稲作文化圏、更に広く農耕文化圏に属する中で、日本という「島」は凹型文化、朝鮮半島以西はユーラシア大陸の全土にわたり濃淡の差はあれ凸型文化圏、というのがこの本の概括的な展望です。

各論に入る前にもう先まわりして大まかな結論を語りましたが、以下、先述の㈠から㈤にわたり、各論として日本人の諸側面を観察・説明し、民族の〝心の形〟をできる限り具体的に叙述して行きます。

第二章から第六章の間では、日本文化の〈指標語句〉と見る単語、慣用句を主とする連語、言語作品などを織りまぜて日本人像を綴って行きますが、その際、原則として指標語句には傍線（――）を引きます。特に日本人がプラスの語感を持っているもの（プラスのシンボル）として例示する時は‖を、マイナスの語感を持つもの（マイナスのシンボル）として示す場合は〰〰を付けることにします。

その約束のもとに出来るだけ多くの指標語句を動員しますが、指標になり得る語句のすべてをここで網羅することは意図していません。第二〜六章は指標語句のリストアップではなく、日本人像の描写が目的です。

また、登場させる指標語句は現代に生きている語を中心にしますが、古語にさかのぼることもあります。その中の和語（さわやか・浮き世・貸し借り・恥……）と漢語（世間・義理・先輩……）は特に区別しません。文法上の品詞の別も問いません。一時的な流行語・新語といったものはほとんど採らず、古今を通じて長い生命を持っているもの、日常の使用頻度も高いもの（いわば〝語価〟（word value）の高いもの）が大部分ですが、時には例外もあります。語句の発生の時代は必要な場合だけ問いますが、現在見られる民族性も民族語も、太古からの長い歴史を背後に負うていて、連綿と続く文化の生命が息づいていることは絶えず視野に入れて考察を進めます。

第二章　自然との調和・一体感
――日本人の自然観・宇宙観

◎自然との共感

インドの詩人タゴールは、日本人の特性は〈自然との共感〉にある、と言ったそうです。おだやかな凹型文化を育んできた日本人の太古からの〝柔《やわ》しき心〟（賀茂真淵）が向かう大きな対象は、まず自然界です。

「人は自然と融け合ひ、自然の懐に抱かれて、限りある人生を哀《かなし》み、限りなき永遠を慕ふ」（徳富蘆花『自然と人生』）――自然ノフトコロニ抱カレル境地はすばらしい。柔らかな春の陽ザシを受け、ソヨ風に吹かれながら丘の草の上で昼寝している、といった文章を読むだけでも、日本人なら忽ち共感して、天然自然、万物のただ中に自分が昼寝している心地よさを覚えます。

ところが、文化が違えば同じには理解されないものらしい。哲学者福田定良教授がドイツに留学中、下宿の人などに誘われてピクニックに出かけ、あまりののどかさ、うららかさに思わず草の上に仰臥して青空を眺めていたら、連れのドイツ人たちは不思議がり、気持がいいならなぜ起きてはね廻らないか？　と言うのだそうです。つくづく彼我の体質の違いを感じたと福田氏は語りました。欧米人は裸でデッキチェアーに仰臥して規則正しく日光浴していますが、あれは自然ノフトコロニ抱カレた姿とは見えない。計画的に実行する健康法で、自然を有効利用する姿です。

どうも西洋人の「人間」といふ考へは我々のそれをはるかに超越してゐる。彼らは自分を抑へることが出来ないのではないかと思ふ。自然に没入するといふことが甚だ下手である。
（福原麟太郎『英国的思考』、傍線引用者）

そこが凸型文化です。名詞「自然」が nature の訳語として定着するのは明治後半、蘆花の頃とされます（伊東俊太郎『一語の辞典・自然』）が、自然ヲ征服スルは、近代になって西洋人の教えた、表層の舶来思想にすぎません。

〝柔しき心〟を育んだ国土

自然に向かう〝柔しき心〟は、同時に、濁流も禿山も奇岩怪石も少く、山は青く水は清い日本の自然から育まれたものでもある。自然と人間のフィードバックです。日本人が自然のふところに抱かれて安らぐのは「自然の慈母の慈愛が深くてその慈愛に対する欲求が充され易いため」（寺田寅彦「日本人の自然観」）です。

いくつもの意識調査で「美しい語句」を問われた日本人は、答に自然の美しさを言う語を挙げるのを忘れません。――アケボノ・朝ボラケ・朝霞・狭霧・五月晴レ・オシメリ・カゲロウ・夕映・夕霧・夜露・オボロ月・イザヨイ・淡雪・細雪・雪化粧……自然の慈愛に育まれる間に身についた繊細な情緒を物語る名づけばかりです。

温帯、モンスーン、暖流――この日本列島の天気は予測し難く変化し、住民はいやでも敏感になります。「いいあんばいに晴れましたね」「あいにくの雪で…」「お足もとの悪いところを…」。照ル照ル坊主を作り、行事予告に雨天順延・小雨決行と付記するのは日本らしい習慣で、気象情報は「三時間ごとの天気の移り変り」まで予報します。「予測し難い変化をすればこそ『天気』で」、寒帯や熱帯には天気などという細かい変化はない、と寅彦は言いました。ペルーなども天気予報がないそうです。日本では三味線の調律も天気によって微妙に変ってくるのです。日本人のデリケートな自然感覚の典型はまず天気感覚に現れています。

雨の多い日本列島は降り方も多様多彩、関東の雨は頭上からサーッとかザーッとか降るが、京の都の雨はやさしく足もとに煙ッテくる、とは金田一春彦教授の評ですが、雨の降るありさまが微細に言い分けられ、降る季節や時刻によって雨の名が豊かに、美しく造語されているのは、列島の気象が繊細な感覚を育てた産果です。ポツポツ・シトシト・ザアザア・ソボ降ル・

降リミ降ラズミ・降リシキル・本降リ・土砂降リ・霧雨・小糠雨・五月雨・夕立・シグレ・村シグレ・涙雨……。天気雨から狐ノ嫁入りまであります。

多雨湿潤の国土に身を置く生活は、シメリ気・オシメリ・ジメジメ・シットリ・サワヤカ・(キレイ)サッパリ・パサパサ・ミソギ……などの語を生み、多用しています。

湿度の高い国土ではサワヤカな風ほど嬉しく、気を晴らすものはない。「サワヤカな好青年」などの比喩まで生まれます。ただし、乾燥したヨーロッパなどで生活して日本へ帰り着いた瞬間、適度なシメリ気はかえって肌に心地よく、ああシットリしてる、これが日本だ、と心の安らぐことがあります。シットリは文章の行間などにも期待される。その情緒を味わうのも日本人のウェット好みです。

漱石の教え子だった文人で後の言論人政治家芦田均(元首相)の日記にも、東奔西走して席暖まる暇もない選挙期間中、自邸で二人の令嬢と語り合うつかの間を、「親と娘の感情がしめやかに体を包んだ」(『芦田均日記』第四巻、傍線引用者)とあります。このように「愛情を『しめやか』という言葉で形容するのは、ただ日本人のみである」と、芦田の同門の後進、和辻哲郎は『風土』に記しています。

転じて色事ともなれば濡れてシッポリ、雨や傘は日本人の恋愛シーンに一入の情趣を添えるものです。

四季と不可分の文化

春夏秋冬…と書いただけで日本人は美しい語句と思う。東宝歌舞伎の恒例の演し物、京マチ子や淡島千景の舞踊ショーは、「春夏秋冬」という題だけで客を呼んだものです。

自然界の推移・流動に対する敏感さや賞翫の心情に結びつくのが季節感です。一年の単位のうちに日本の四季は微妙にキメ細カク移り変り、古来の農耕から生活サイクルの生まれた日本人の感覚も、季節の推移に応じたキメの細かさを示します。——春風・春雨・花曇リ・花吹雪・風カオル・青葉若葉・新緑・夏雲・新涼・野分・秋草・秋冷・秋晴レ・秋日和・小春日和・冬枯レ……。「新涼」一語であの季節の空気が肌に心地よいように、これらの語のそれぞれが快い感触を呼びおこし、イメージを湧かせます。

大相撲には春場所・夏場所・秋場所の称があり、土俵の上の房は春（青）夏（赤）秋（白）冬（黒）を現します。大学野球のリーグ戦は春と秋にありますが、春と秋は湿度の違いで打った球の音が違う、「春の音と秋の音を感じさせる実況アナウンスでなければいけない」と往年のラジオの名アナウンサーたちは教えたものでした。

一年を四つの季節に分ける意識は、春・夏・秋・冬という漢字の渡来によって一段と深められ確立されたと言われますが（岡崎義恵「季節の表現」—『岡崎義恵著作集』4）、『枕草子』の冒頭に「春は曙……夏は夜……」と誌されたあたりにも、四季の美を味わう感覚が磨かれ、観賞眼が熟していたことが明らかです。この巻頭には四季おりおりの情趣を貴族の男女に教養として教える意味があったということですが（西村亨『王朝びとの四季』）、更に西村教授によって、『古今集』と『源氏物語』が長く「みやび」の手本として持ち続けた「規範性」が「日本人の自然や季節に対する感受のしかたの基礎」になっている（同書）と説かれています。

それにしても、谷崎潤一郎の『蓼食ふ虫』で、離婚すると決めた男が、離婚の時期は春・夏・秋・冬のどれがふさわしいかを考え、それぞれに難点を見出して決断がつかず悩み続ける話は、ここまで季節が人生を制約・支配するとは、日本人ならでは……と思ってしまいます。

われわれは四季のあるのを常識としているのに、熱帯は常夏の国、そして寒帯には「昼夜はあるが季節も天気もない」（寺田寅彦）と知ると、あらためて地球の広さと人類の生活形態の多様さを認識させられます。

欧米には季節があることはあるが、HAIKUがかの地に広まっても、微細に分かれた季語（季題）まで日本人並みにわかってもらうことは至難でしょう。春の花見、秋の月見や紅葉狩は長い伝統で、寒さの冬にさえ雪見としゃれ込み雪見酒にちょっぴり風流を覚えるのも日本流です。秋の好日を菊日和や柿日和と呼び習わすこともありました。

天気の変化を四季の推移と重ね合わせると、春寒・花冷エ・寒ノ戻リ・菜種梅雨・梅雨冷エ・戻リ梅雨・初時雨・初雪・根雪・春一番・春雷……などニュアンスのある呼び名がいくらでも生まれます。日本人らしい〝季節愛〟のうかがえるユカシイ名づけです。

著者が一年間ドイツに住んだ時のこと。向こうに着いたのは春先で、ドイツ（当時の西独）の大銀行の店先にあった大きな宣伝ポスターには、毛皮のオーバーを着たハンサムな青年が颯爽と車から降りてくる姿がありました。春なお寒いヨーロッパでは毛皮のオーバーにも別段の違和感はなかった。ところが、春から一足とびに猛暑の夏が来ても、銀行は、毛皮のオーバーの姿を取り替えません。なんと暑苦しい。コロモ替エなど無縁の世界です。日本だったら爽かなキャンペーンガールのポスターにでも変るはずで、猛暑に毛皮では店に入る気にならない。秋が来て冬が来て、同じ毛皮のポスターで銀行は一年を通しました。

「カレンダーに従って、日本人は一定の食物をとり、一定の衣服をつけ、家の外観を変えようと」し、「お祝いの食卓には四季の味―春の筍や秋のきのこ―を並べようとする」（フセヴォロド・オフチンニコフ『サクラと沈黙』石黒寛訳）という文化から見ると「シーズンを意識しない銀行」の例は不思議な文化でした（日欧の季節感の差違には第二部第二章でも言及します）。

「折節の移り変るこそ、ものごとにあはれなれ」（『徒然草』第十九段）――日本人なら皆わかる感慨で、微妙に夏空と秋空が交錯する頃をユキアイノ空と呼んだことさえあったという。自然科学的には類似または同一の現象でも人間との有機的な交渉のあり方で文化的な意義が違ってしまう、「そういう意味で私は、『春雨』も『秋風』も西洋にはないと言うのである」（寺田寅彦、前出論文)。

◎植物・鳥・魚・虫を愛《め》でる文化

天候や季節の指標語句の多さがまず日本の自然環境と民族の自然観を物語りますが、自然界を呼ぶ常用・愛用語が多いのは他に植物・鳥・魚・虫…の名です。「花に鳴く鶯、水に棲む蛙の声を聞けば…」(古今集、序)のくだりが示す通り、一体感や愛着が深いのです。一方、家畜の類や天体などへの細かい関心は元来はありませんでした(それら、分野による語句の偏りの問題は、第二部第二章のAでも触れます)。

天体のうち、月だけは雪・花と並んで賞翫の対象になる伝統が生じました。

遊牧を生業としなかったため星座への関心も薄く、星座名は多くは外来のものです。英語でmilky way と呼ぶ星雲はこちらでは天ノ川で、遊牧や牧畜の影もない発想、日本的美学にぴったりの呼び方です。

動物を飼いならした欧米やアラブの民が征服的(凸型)なのに対し、黙々と植物を育てた日本人は、ここでも凹型のやさしさを示します(植物の気持になることが、次の章に説く人間への心づかい・やさしさに連なるとする解釈もあります)。

アメリカ人などは会話でも文章でも、ただ「花ガ咲イテイタ」で通し、日本人が可憐な草花の名を知ろうと「それは何ですか?」とたずねても「ソレハ花ダ」と答えるだけだと言います。そういう意識の世界には、立テバ芍薬スワレバ牡丹、歩ク姿ハ百合ノ花といった形容は生まれない。ブラームスが曲を付けた『日曜日』という歌曲は、高野辰之訳で「折ればよかった」の題で歌われていますが、

折らずに置いて来た　山蔭の早百合
人が見つけたら　手を出すだらう
風がなぶつたなら　露こぼすものを
折ればよかつた　遠慮が過ぎた

と、少女を百合に見立てる発想がさながら日本の伝統です。

歌人吉井勇が永眠した時、枕辺にかけつけた祇園の名妓春勇は「吉井先生、何で菊ノ花ニナッテおしまいやしたんえ」と泣いたと言います。何と美しい表現、谷崎潤一郎は「さう云へば枕もとに黄と白の菊の花が沢山飾つてあつたさうである」と記し添えました。

日本のテレビ局がイギリスの川辺で「何を釣ってますか？」と問うたら「魚を釣ってる」と答えた、その感覚は日本人から見ると何とも粗大ですが、虫ノ声を聴き分ける風流の感覚も欧米人には無理です。――日本の電機メーカーが扇風機に松虫・鈴虫・コオロギ…と愛称を付け、それぞれの鳴き声の聞かれる製品を輸出したら、欧米では、ノイズばかり出てうるさい、

と売れなかったそうです。「夜の歌い手たち」すなわち「曲を奏でる虫が稀にみるくらい豊かな国」（小泉八雲。平川祐弘編『日本の心』牛村圭訳）に育った日本人の繊細な感覚とはかけ離れ過ぎていたわけです。

秋の虫と月明は一体です。そればかりか、月の静夜、心の耳には生きとし生ける、あらゆるものの声が聞こえてくる。銀盤の女王が北海道の少女時代を回想した美しい文章があります。「月の明るい晩は、優しい光を含んだ牧草が遠くまで波打ち、大地の生きものたちが囁《ささや》きあっているかのように思えたものです」（橋本聖子「月夜の食卓」産経新聞、〇三年九月十九日）――この感性には太古以来のアニミズム（五八ページ以下）が息づいており、そして、万物をメ（愛・賞）ヅル日本人の心こそ生命科学の源だと説く、生命科学の権威中村桂子教授の言（NHK「視点・論点」）をも連想させるものがあります。

本来の日本人が「自然を征服し、変えようとするよりも、むしろそれと同調して生きようとする」（オフチンニコフ、前出書）ことはくり返すまでもありません。同調どころか「同化」と言えるでしょう。

●自然に屹立する西洋人、融合する日本人

一方、日本と一見相似て人間が自然の中に「調和的な位置を占めてい」たギリシア（伊東俊太郎、前出書）の宇宙観が、そもそも日本における人間と自然の調和とは必ずしも同じではな

く、「自然の人間化であり人間中心的な立場の創設であった」（和辻哲郎『風土』）とも言われますが、その立場を強化して、人間が自然に没入せず、突出するに至った欧米人たちの精神世界は、有名なシェリーの詩『西風の賦』などに象徴されていて鮮烈です。詩の結びは「冬来たりなば春遠からじ」と訳された一句を含んでいますが、全体の調子は柔らかさや暖かさと正反対です。

西風よ、お前が枯葉を撒き散らすように、私の死んだように見える思想を全宇宙に撒き散らし、その再生を促してくれ！（中略）私のこの詩の呪術の力を用いて、私の言葉を／全世界の人々に向かって撒き散らしてくれ！／西風よ、私の唇を通して、まだ醒めやらぬ全世界に対する／予言の喇叭を響かせてくれ！　おお、西風よ、／冬来たりなば春遠からじ、と私は今こそ叫ぶ！
（平井正穂訳）

冬来タリナバ春遠カラジは日本人好みの一句ですが、日本人がこの一句に覚える境地と、右のシェリーの叫び（！）とは遠くかけ離れたものです。やがて来る春に救い（癒し）を覚える日本人の柔らかな感性の世界とは異質の苛烈さで、詩人はあたかも自身を世界の支配者の地位に立たせています。一神教社会の詩人です。

自然詩人としてあまりにも有名なワーズワースなどにしても、自然界のあらゆる現象を歌っているが自身の自然観や哲学を「自然界の現象を借りて、或いはそれを所縁《ゆかり》として表白しているのである」（本間久雄『文学概論』）と評されていますから、〝人間本位〟の意識の強烈さはよほどのものらしい。「西洋では、ギリシア人以来、精神と自然との間に、ふかい切断が存在する」（『日本文学史』）とした小西甚一教授は、「両者が融合統一の状態において表現されるのは、ゲェテあたりが最初であろう。しかも、ゲェテにおいてさえ、両者はおのずから統合されているのではなく、意識的に統合するための緊張が見られ、そこに精神対自然の両極性が投影する」と説きました。自然と人間の「同化」とは対照的な境地です。

〝自然詩人〟が特別視される西洋では、風景画の誕生も遅れ、ようやく一五～六世紀のデューラーの水彩風景画に始まるとも言われますが、対照的に、古来、叙景の歌（観光詩）に秀作を生み続けた伝統が日本にはあります。八世紀の山部赤人が国土の風光を賞でた観光的抒情詩の祖とされますが、自然を自分の外に見ようとした赤人でも自然と自己は両極化せず、観照の底に「微妙な心情が、ひそやかに息づいている」（小西、前掲書）と言われます。近代の数々の小学唱歌のうち、『朧月夜』などもその観光的抒情の伝統を承け継いだ一例です。

菜の花畑に　入日薄れ／見渡す山の端　霞ふかし／春風そよ吹く　空を見れば／夕月かかりて　匂ひ淡し

作者は突出するどころか姿を潜めて前面にせり出しません。

里わの火影も　森の色も／田中の小路を　たどる人も／蛙のなくねも　鐘の音も／さながら霞める　朧月夜

人と自然は渾然と一つに融け合っています。文化人類学者クラックホーン（C. Kluckhohn）が、日本人の社会は Man-in-Nature、つまり自然と共存する社会だと分類した、そのタイプの文化を『朧月夜』はさながらに示し、象徴しています。

「純粋の叙景だけでは、人に十分満足を与へ難く、これに作者の主観が混入して抒情味が加はると、所謂情景一致で、潤《うるおい》が生じて来るのである」（高野辰之『日本歌謡史』）――情景一致、すなわち「描写と抒情が融け合っている」境地は「たしかに日本的なのである」（岡崎義恵「文芸にあらわれた日本の風光」―『著作集3』）。ただし、日本的叙景は必ずしもリアリスティックな描写とは限らず、赤人をはじめ古来〝心象風景〟的なものが稀ではありません（その側面が中世の和歌の世界を経て蕉風俳諧にも至ったものと思います）。

文芸・話芸・演劇・映画、日本のストーリーは〝人間だけの世界〟ではなく、自然と不可分です。――河竹黙阿彌『三人吉左廓初買』の舞台は「月もおぼろに白魚の　篝《かがり》も霞む春の空冷てえ風にほろ酔いの…」と情景描写に始まり、桂文楽や古今亭志ん朝が磨きあげた落語『舟徳』では「四万六千日、お暑い盛りでございます」の一句で炎暑の隅田川の水面が眼前に展開します。北町奉行遠山金四郎のお裁きは〝桜吹雪〟と分かちがたく、泉鏡花『婦《おんな》系図』の題を忘れた人でもお蔦・主税《ちから》の湯島天神に咲き香る白梅は決して忘れません。

カンヌの映画祭でグランプリを得た『地獄門』（一九五三年、衣笠貞之助監督）は菊池寛の小説「袈裟の良人」の映画化ですが、そのクライマックスは、袈裟（京マチ子）に恋慕した荒武者盛遠（長谷川一夫）が彼女の夫（山形勲）を狙ってその邸にしのび込む場面です。サスペンスに観客が息をのむ時、虫の音もない静寂、九つ時の庭に月光を受けた草の葉がしきりに揺れ動くさまが写される。学生時代にこれを観たドイツ人C・フィッシャー氏は、西洋だったら不気味な音楽でも流す場面で、日本人は緊迫感をただよわせるにも自然を描写する、と感嘆し、その瞬間、日本文化研究の学者になる決心は固まった、と教授になって後にもらしてくれました。

自然と人事の連続

自然と融合する意識の持主である日本人には、人工や作為に反発する心理があります。

不自然は嫌われ自然（ノママ）がよいとされます。夏目漱石の『三四郎』では、友人の佐々木与次郎が広田先生を大学教授にしようと画策する様子を見て、三四郎は、やり方が細工ニ落チテ（＝不自然で）面白くない、と評します。与次郎はムキになり「自然の手順が狂わないようにあらかじめ人力で装置するだけだ」と反論しますが、例えば根マワシのような人工的・人為的な調整（工作、細工）があっても、なかったように装いたがるのが日本人です。自然ノ成リ行キに擬し、サリゲナク取り運ぶのが美学にかなう行き方とされています。

自然を根本とし「無為」を最良とした老子・荘子の思想とも、期せずして合致したものと言えるのでしょうか。

日本人は、自然を把握するのに好んで気という語を用いてきた。これは注目すべき事実です。天気・気象・気候・気配・天地正大ノ気……など、人間を取り巻く不定形のものが日本人の見る自然環境だったのです。その上、元気・気ニナル・気ガ弱イ・気ヲツカウ・気ガスマナイ・気ガハレル……など、心理状況まで「気」で表現するところにも、自然と人間の連続、無境界の把握が感じられます。この〝東洋的境地〟も老荘思想を連想させるものですが、自然界の描写はそのまま人間を語ることだ、という意識が、万葉から現代俳句まで一貫している、と評したのは心理学者・精神医学者島崎敏樹教授でした（なお、現代日本語における「気」を、十二の意味に分類した詳細な説明が、哲学・日本学者門倉正美教授によってなされています。芳賀綏ほか著『あいまい語辞典』）。

自然の描写と人事の叙述とが一体だとすると、ウツロウや流レルという指標語を逸することができません。天候も四季も、自然界は人為の介入する余地なくウツロウものです。人生の過程を大自然の推移に見立てて、春風秋雨……年、風雪……年、幾星霜、照ル日曇ル日…などと形容するところにも日本人的感慨がこめられています。

漱石の『門』の結び、細君お米が、障子のガラスに映るうららかな日影に、「本当に有難いわね。漸くのこと春になって」と言うと、夫の宗助は「うん、しかし又じき冬になるよ」と縁先で爪を切りながら言います。何事もうつろう、流転する……。輪廻（りんね）や無常は仏教の教えたものだが、寺田寅彦は、物事はウツロウとする日本人の自然観はアキラメのよさに連なっており、その固有の土壌が外来の無常観にマッチしたと解しています。

『平家物語』も無常観を基底に持ち、近松が描いた梅川忠兵衛の悲恋の物語にも、はかりがたきは「水の流れと身の行末《ゆくえ》」（「恋飛脚大和往来」）とありますが、『源氏物語』や『雪国』ともなれば身のゆくえを問いつめることもなく、物語はソコハカトナク流れて未完の結び方をします。オノズカラ（自然）にまかせる日本人らしい〝流れの美学〟と言うしかありません。

◎アニミズム的自然観

日本人にとって自然は、勿論、慈母であるばかりではない。万葉の世界では自然はより多く害悪の根源として畏怖すべき崇高の感を催させたという（岡崎義恵「貴きものと畏きもの」—『著作集4』）。天災を警告した地球物理学者寺田寅彦は、日本の自然は住民の「厳父」の役も勤めると言いました。「動かぬもののたとえに引かれる吾々の足下の大地が時として大いに震え動く」(「日本人の自然観」)。

その近い例、阪神淡路大震災の時、外国人が感心したのは、暴動も掠奪も全く起きず、被災者は沈着に、身を寄せ合って秩序整然とすごしている、ということでした。韓国の『朝鮮日報』がこの秩序意識は「日本人が和の精神を学んでいるためだ」と深い感銘を伝えたのを引用しつつ、作家・宗教学者栗田勇氏いわく、

それを「和」というなら、人間と人間の間の「和」だけではない。芭蕉が「造化」と呼んだ天然宇宙の運行の中に身をおいて、それを受け入れ共に生きているという実感が秘められているのではないだろうか。

(毎日新聞、九五年二月一日)

栗田氏は日本人の心の奥底にある「天然宇宙との共感の意志」に今更に感嘆したと言います。自然を征服する思想のなかった日本人は、元来「造化」と共に生きてきた。いや日本人自身が「自然そのもの」なのだという都市工学者の声さえあります(上田篤『日本の都市は海からつくられた』)。

拉致された北朝鮮から佐渡に帰郷した曽我ひとみさんの第一声は「空も土地も木も私にささやく、お帰りなさいと」——遠く民族の暁闇の時代の日本人の感覚がそのまま生きています。

太古日本のアニミズム(精霊信仰)こそ、自然と人間の「和」の境地の根源です。人も神

も、草木も虫も、ひとしく物を言い躍動した日本の神話的世界を描き出したのは、自然と人が一体未分化、万物に生命と魂が宿ると見る感覚と心情です。「青丹よし奈良の都は咲く花の匂ふがごとくいま盛りなり」(万葉集)は、花の命と魂の躍動を如実に歌っており、また大和の一神社にいまも残る花鎮メの祭礼は散った桜花の霊を慰めるもので、散った花は塵芥として処理する欧米とは全く別の世界です。

アニミズム的自然観・宇宙観は、日本人の宗教意識と一体を成すものです。

“自然宗教”神道

古代ギリシァの宇宙観には五二ページで言及しましたが、日本の神道の根本はそれと類似している、と見た一人は、日本美の発見者・理解者だったブルーノ・タウト(ドイツの建築家。戦前、桂離宮を分析・激賞し世界に紹介した)です。タウトいわく、神道は「その源泉を二千年の昔に有し、他国との関係は全然なしに生れ来った、太古以来の純日本的所産である」(『日本文化私観』森儁郎《としお》訳)。

純粋に日本が生んだこの精神文化を、宗教と呼ぶとしても、神道には教祖や教義がないのがユニークです。習俗と考えられるぐらいです。ただ根本となる観念は勿論あって、「人間および人間生活と、自然および自然力との結合」(タウト、前出書)がそれだという。

かれは、的確にも、日本人にとって「自然あるいは世界というものはあまりにも広大無辺なので、これを唯一の全能神の支配下にあると考えることが出来ないのである」と、日本人とすべての南アジア民族が一神教を生まなかった所以を言い当てました。日本人は「人間自身もまた、かかる広大無辺なものの一部であると見なしている」ゆえに、神道は、古代ギリシァの汎神思想に比し得る自然宗教だとタウトは呼んだのです。

記紀が伝えた太古このかた、日本人が把握したのは、神や人や山川や草木をすべて点景として包摂した大自然です。だから、日本の神様はGodのような超自然ではありません。天地はオノズカラに成ルものだったので、神様は天地創造の造物主とは異質の存在です。

意味別分類辞書として戦後早くに作られた『分類語彙表』（国立国語研究所編）の〈神仏・精霊〉という項目には、神・氏神・明神・福ノ神・山ノ神・餓鬼・般若・オ化ケ・一ツ目小僧・天狗…などの語が同居しています。神は人間の延長か変形の一種にすぎないようです。

本居宣長によれば、「迦微《かみ》」（神）とは、天地の諸々の神たちをはじめ、社《やしろ》に祀《まつ》られた御霊《みたま》をも言い、そして人は言うに及ばず鳥獣草木や海山その他、何にせよ、尋常《よのつね》と異なってすぐれた徳があって、「可畏《かしこ》き物」を神と言うのだ、「すぐれたるとは、尊きこと善きこと、功《いさお》しきことなどの優れたルのみを云ふに非ず、悪しきもの奇《あや》しきものなども、よにすぐれて可畏《かしこ》きをば、神とは云ふなり」（『古事記伝』巻三）――「（プラスに限らずマイナスの方向でも）平均値から遠ざかっているものが、『神』というのが本居宣長の解釈で」（ひろさちや『仏教と神道』）、それとは別の説もありますが、宣長説が妥当だと宗教学者ひろさちや氏は言います。

だとすれば、天狗・般若・鬼など〝奇《あや》しきもの〟も神と一群に属するわけで、化身（けしん）の観念も日本の神と不可分です。藤の花の精が娘姿で踊る「藤娘」、架空の動物の獅子（ライオンとは違う）を描く「鏡獅子」「執着獅子」、逃げた恋人を紀州まで追ってくる女の亡霊が蛇身に変化《へんげ》する「道成寺」など、歌舞伎の人気舞踊には、現世にない異形（いぎょう）ノ者の踊りが多いことを指摘する演劇研究家の水落潔教授は、「日本には古来花も鳥も人間の仲間という思想があって、それがこうした異形の者の踊りを生み出したのであろう」（毎日新聞、一九九五年六月十七日）と言いました。――人・自然・神は大きな一つの世界に包み込まれて連続する、天地初発の頃の日本人のアニミズムが人気舞踊の根底にまで連っているわけでしょう。

民族の原初以来「神」の観念に多少変遷があり、大昔は神は社に祀り、人は墓に、と峻別したのが時代が降《くだ》り普通の人を神社に祀ることも始められたと、文化史・思想史学者石田一良教授『カミと日本文化』は述べていますが、現代、方々の神社の祭神の顔ぶれはじつに多彩、学問の神、商売の神、縁結びの神、医療の神……と功験も多様・細分化しています。神社の絵馬には、合格祈願、商売繁盛や一家安穏・健康の祈願をはじめとして、「将棋二段になれますように」「良い人にめぐり会えますように。できたら結婚できますように」「美帆子、今年こそ僕に顔向けてね」……と、雑多な願いが書かれていじらしい心情を読み取らせます。多神の神々は「実は人間にとってつごうよく作られた神々であるから、結局は、人間の世界である」（加地伸行、『週刊世界と日本』〇二年六月十日号）ことの一端が実感される風景です。

◎寛容な多神教の世界

多神教は寛容です。一神教の持つ排他性、強烈な異教敵視はありません。殊に、他国へ布教すべき教義もない神道はまるきり凹型です。

その土壌に、同じ多神教でも国際的宗教の仏教が入ってくれば「神といひ仏といふも世の中の人のこゝろのほかのものかは」（源実朝）と包容したのも当然です。神仏ノ加護を祈り、神頼ミと同時に仏ニスガリます。ある大寺院の僧侶は「門の仁王様は寺の守り神」と言っていました。自暴自棄になれば神モ仏モアルモノカとも言う。能楽「当願暮頭《とうがんぼとう》」の杣人なども〽仏の教へ神の誓ひ……と並列させています。

こういう併存・包容は宗教的無節操ではなく「日本人の長所であると思う」（林健太郎「世界史における日本の地位」―『世界史と日本』）とも言われますが、神道は汎神論とも一神教とも多神教とも違うと論ずる石田一良教授は、稲作農耕に伴う民間信仰が東南アジアでは矮小化されたが日本では宗教となった、その神道の奇妙さ・特異さは「着せ替え人形」性にあり、神仏習合、本地垂迹、あるいは神儒習合、国学と習合した古学神道、後には国家神道と、何とでも結びつく「変り身」を見せてきたが、これは仏教・儒教やキリスト教の歴史に見られぬものだろう…と論じました。

融通ガキク思考法を得意とする日本人らしさがここにも示されたと言えそうですが、宗教を死者儀礼や現世利益の観点からだけとらえる感覚は、宗教を絶対に神聖視する厳粛さには欠けるでしょう。日本の古い民謡では平気で教祖や僧を嘲弄している（高野辰之『日本歌謡史』）、歌舞伎で僧侶が登場する場面では客がクスクス笑う（渡辺照宏『日本の仏教』）。

渡辺氏は「日本人は昔から、宗教を笑い物にして平気である」（同書）と言うのです（本書一七五ページ）。宗教に身ガ引キシマルほどの境地を覚えないルーズさはたしかにあるようです。その根源には、日本民族が「天地を貫く何か大きな力によって愛され救われるということを知らずに生きていた」（大野晋『日本語をさかのぼる』）太古の精神構造があり、そして文明開化以前の日本人は「今日のいわゆる自然《しぜん》をも人間文化をも共に『自然《ジネン》』の内なるもの、『自《おのずか》ら然る』すがたとして把えてきたこと、そういう『自然《ジネン》』の内に神（聖なるもの）を見、『自然《ジネン》』の外に神仏を見たのではない」（中野卓「内と外」――『講座日本思想3・秩序』）という伝統が作用しています。

現代も依然として汎神思想的アニミズムの伝統の中にいる日本人には、やはり、共に大自然の内にある「神々の複数性と人間への近さ」（石田英一郎「二つの世界観」――『人間と文化の探求』）が実感され、神々と親しむ感覚が生き続けています。

第三章　他律・他人志向の処世
——日本人の対人意識・社会認識

◎最高の美徳は〝和〟

賀茂真淵が古代日本人の美質の一つに挙げた〝柔《やわ》しき心〟は、長い歴史の間に形を変えながらも根強く持ち続けられてきました。自然に対して突出しない日本人は、人間関係の中でも突出する志向が弱く、人との間のシャープな対立を嫌います。日本の〈凹型文化〉は、対人意識・人間関係にはとりわけ顕著に現れるものです。

日本語のガ（我）はマイナスのシンボルです。我ヲ張ル・我ヲ通ス・我が強イ……は悪徳とされてきた。人格の中枢を成す「エゴ」（ego）と、日本語の「我」は別の概念です。日本人が尊重するのは無我の境地です。

我ヲ張ルことで角が立ツ事態や荒立テル結果を招くよりも、他者との折リ合イをよくすることにつとめ、対立や緊張は円クオサマルようにはからいます。アタリサワリノナイ、歯切レノ悪イ言動を心がけるのもそのためで、それらを総じてマアマアの精神と言ったりしますが、マアマアは自己薄弱の態度だとタテマエ上は非難しても、それが無難におさめる処世の知恵だということは、日本人ならホンネではわかっています。

つまりは和が最高の美徳なのです。古くは聖徳太子の「以和為貴」がありますが、日米戦争たけなわの中、陸軍大将小磯国昭首相は「大和一致」を大方針とし、戦後は高度成長の盛りを経た頃、鈴木善幸首相が「和ノ政治」を施政の最大目標に掲げました。

ドイツ人の経済学者、J・ヒルシュマイヤー教授は、対比して、西欧は〝理〟の主権性の世界、日本は〝和〟の主権性の世界、と呼びました。隣邦韓国でも和は尊重されるが、それ以上に理が優先される、そこが日韓の対人姿勢の明瞭な差だ、ということらしい（渡辺吉鎔《きるよん》・鈴木孝夫『朝鮮語のすすめ』）。

理があると信じて自己の言い分を通そうと我ヲ張ル（→頑張ル）社会に比べて、日本人の社会に流れる独得のおだやかな雰囲気は、他者に甘エ、よりかかる姿勢を含みながら他者を尊重する日本人の意識の産物です。

デンマークの文芸批評家G・ブランデスは「ロシア人の民族性は愛にも憎しみにも、服従にも反抗にも、何事によらず極端派である」と見ました。ロシア人を極例と見るにしても、ユダヤ教・キリスト教・イスラム教という一神教の世界はすべて敵を許さない苛烈、激烈な凸型精神空間です。「日常の生活において、あれは敵か味方かということを、学者同士でも意識し、平気で口にします。日本人は意識していたとしても、人前ではにこにこして、対立意識を見せないのが美徳であると考えています」（石田英一郎『日本文化論』）。ヨーロッパではそんなことはあり得ず、愛にも憎しみにも徹する精神の強固さ、はげしさが普通だと痛感させられることの連続です。石田教授の命名〝愛と憎しみの文化〟はそこから生まれました。

「人前ではにこにこ」の〝柔しき〟社会は、意思決定でもナントナク全会一致におもむくのを旨とし、異なる主張を足シテ二デ割ル知恵を働かせてでも、後にシコリが残ルことを回避します。このコトナカレ社会では波風ヲ立テルのをおそれず強力に引っ張る隊商《キャラバン》型リーダー（堺屋太一氏）の出現は稀でした。

◎他律型の対人意識

他者を大事にする日本人の思イヤリは、英語のsympathyよりもはるかに、自分をおさえて他者の心を推しはかる意識です。英語学者J・O・ガントレット教授は、カワイソウは英語にない独得の語だと言いましたが、（オ）気ノ毒も同様で、これらはもっぱら他者のことだけに用い、自身をカワイソウ・気ノ毒とは言いません。日本に駐留するアメリカ軍の経費のかなりの部分を負担する日本政府の支出を〝思イヤリ予算〟と通称するなどは情ケ深イ日本人の面目の現れと言うべきでしょうか。

気ガキクは他者の気持ヲ飲ミ込ンデ行きとどいたサービスをすることを言い、寺小僧だった石田三成が秀吉に茶の接待をした時の気バタラキなどがその適例に挙げられます。気クバリ・心ヅカイ・心クバリ……など、ドライなビジネスにはない、他者尊重のキメノ細カサは日本文化を特徴づける一大要素です。かつて竹下登首相などは天才的な気クバリで人心を収攬し人タラシの名人とされた。世話好キは、後述の世渡リに有利な資質でもあります。

世話ヲスルは「サービスする」と等価ではない語感を持ち、オ世話サマ・オ世話ニナリマスは頻用される感謝の挨拶であり儀礼的メッセージです。（タイから来た女子留学生が、日本の学友の母親から「娘がいつもお世話になっています」と挨拶されて、世話されているのは自分の側で、私は何も世話なんかしていない、と思ったような食い違いも生じます。）

なお、積極的な「世話」ばかりが他者尊重ではなく、サシヒカエルことがまた大きな美徳です。他者に気ガネし、気ヲツカイ、遠慮スルのです（遠慮気ガネと重ねた言い方もある）。サシヒカエルことを忘れて押し売りサービスに走ると、オセッカイ（ヲヤク）・親切ノ押シ売リと嫌われることになります（押シ売りされた側の立場をアリガタ迷惑と言う）。

欧米人などが不思議がる顔デ笑ッテ心デ泣イテという屈折した行動様式は、自分の心配事で他人までもさわがせてはいけないという心づかいに由来するものです。小泉八雲に使われた男が、人のいない所では苦悩と怒りの表情をしていたのに、八雲が入ってくると知るや「彼の顔から皺は消えて穏かに和らぎ」若く明るくなった、「まさに絶え間ない自己抑制の奇蹟である」

（八雲『日本の心』、河島弘美訳、傍点引用者）

以上に挙げたような、「自分を他者の立場に置く心」（築島謙三）こそ、大きなウェイトで日本人の意識を支配するものです。

こうすれば（言えば）先方はどう感じるか、先方の気持や立場はどうなるか——この意識が念頭から離れない日本人は、先方の受け取り方や立場から逆算して自己の言動を選択します。この〈他律型〉対人意識が日本の民族性の一大特色です。日本人はすぐ謝まる、というので外国人が評する〝スミマセン・メンタリティー〟なども、この特性の一側面にほかなりません。

察しの文化

そこで、日本人の文化は〈察しの文化〉です。

たとえば、君が日本人に電話して、「夕方六時に記者クラブで会いたいのですが」と言ったとする。もし彼が「ああ、六時ですか、記者クラブでね……」と聞き返し、なにか口ごもったら、すぐ「もしご都合が悪ければ、他の時間に他の場所でもいいんですが」といわねばならない。

すると、相手は「いいえ」といわず、喜んで「はい」と答え、都合のいい申し出にすぐ応ずる。

（オフチンニコフ『サクラと沈黙』）

じつによく日本文化を飲み込んだ外国人の評です。相手が口ごもったら「都合が悪いんだな」「気が進まないんだな」と素早く察して（気持ヲ汲ンデ）別の提案をしたほうがよい。それが気ヲキカセタ、気ノキイタ対応で、「自分を相手の立場に置く心」の発揮です。

口ごもった途端に相手の心中を読む、それは以心伝心です。その極致は、全然ことばを介さない（non-verbal な）コミュニケーションで、映画『男はつらいよ』の主人公、寅さんは、アメリカではプロポーズするのもことわるのもハッキリ口で言わなければいけないと聞かされて「へーえ、不器用なやつらだねえ」と呆れます。「オレだったら目で言っちゃう。あなたのこと愛してます。向こうも目で答えるな、アタシあなたのこと好きになれませんの。また目で答える、わかりました。黙って去るな」というのが寅さんの美学で、日本人の観客は笑い声のうちに理解・共感を示します。目ハ口ホドニ物ヲ言イの境地のよさを知るからです。

黒澤明監督が、映画づくりに際してスタッフとディスカッションを重ねたのは有名で、あのシツコイ討論はイヤだと黒澤監督との仕事を敬遠する映画人もいたそうですが、その黒澤天皇でも、親子の間ではクドクドと説明するのを避け、「こんな感じ。ほらさ、どう言うの？　わかるでしょう」ですべてだったそうです（黒澤和子「黒澤明　心の台本」―『中央公論』一四三二号）。

「ほらさ…わかるでしょう」だけで飲ミ込ムのが勘ガイイとして評価されるのが日本社会の

伝統で、江戸以来の下町の職人仲間では「アレはどうします？」「ナニは、ちょいとナニしといてくれ」でツーカーと通じるようでなければイキではなかったと言われます。佐藤栄作首相は「勘ノナイ政治家はダメだね」とよく言い、老練の補佐役だった川島正次郎自民党副総裁との間で言外ノ言で通じる阿吽（あうん）ノ呼吸を誇ったものでした。何事もサリゲナク運ぶのが高級とされたのです。

互いの心を相手の腹中に置く無言の肚（はら）芸が見事に出来れば〝名人芸〟と賞讃され、歌舞伎『勧進帳』の富樫と弁慶、時代劇映画『忠臣蔵』の大石と立花左近の対決などは、日本の観客が待ってましたとしびれる名場面です。

ところが、隣の韓国の人から見れば、金両基《きむやんき》教授に言わせると、「腹中を読みとるほどでなければ大成できない」などは「まったく日本的な思考」にすぎないのだそうで、「韓国人は当然、日本的な察しや、日本的な以心伝心とはまったく無縁である」（渡辺吉鎔、前出書）と言われます。

となると、言い出しにくい頼み事や不面目の言い訳を、おずおずと切り出す相手を押しとどめ「皆マデ言ウナ。言いたいことはわかってる」と察しのよさを見せるワケ知りのかっこよさや、一ヲ聞イテ十ヲ知ル素早い理解こそ高級なコミュニケーションだという日本の伝統も、異文化圏では別段かっこいいことでもないと、あらためてわかります。外交や通商は勿論、国内でも、近代ビジネスの世界では、伝統の日本的美学だけでは必ずディスコミュニケーションが生じます（第二部第四章に触れる「日本人の言語行動と言語意識」などとも関連します）。

いたわりのマナー

相手の心中を先まわりして察する心は必然的に他者へのイタワリに通じます。他者の気持を傷ツケルことを極力避けようとして、言うべきことを率直に言うことまで控えます。そして、率直でないと指摘された時、多くの日本人の釈明は「だって、悪イもの…」です。

フランスやスイスの大きな駅では、勝手知らずまごつく旅行者が何かたずねると、車掌や駅員が明らさまにせせら笑い、適当にあしらってすませる不作法がよく見られます。ドイツ人は対照的に親切ですが、そのドイツで一九七二年の夏、デュッセルドルフのホテルから大学へ電話をかけたところ、何の間違いか、別のところへつながってしまった。「大学ですか？」と言ったら、女性交換手は「アッハッハッハッ」と笑い飛ばして、「ここは空港だ」と言います。交換手が、いや交換手でなくても、「アッハッハッハッ」とは何事ぞ。日本人にすればまことにハシタナイ、タシナミのない行為です。こんな時、日本人が固くマナーを守るのは、自身の品位を大事にすると共に、相手を傷つけまいとするイタワリの心に根ざしています。

日本研究の専門学者C・フィッシャー教授は、ドイツから来日したある年の夏、新宿の有名な天ぷら屋のカウンターで夕食をし、脱いだ上着をカウンターの下に置き忘れてしまった。翌日、店に行ってみたら上着は置いたままの位置にあったので、やれやれと安堵し、忘れ物を持って帰ると店員に告げたら、店員は恐縮して「これはどうも、手前どもの気がききませんで…」と詫びたそうです。客がうっかりしていたのに、店の側で謝ってくれるとは、忘レタノハアナタノ責任ダとばかり冷淡な西欧社会と何たる違い、と同教授の日本びいきはまたも度を加えたようでした。

江戸から大正・昭和初期ごろまでの東京の下町の商人の間にはオ愛想目付キというしぐさがあった。客の欲しがっている品物がない時、「おあいにくさまでございました」と言いながら目をショボショボさせる習慣で、これをことばに加えて客に対する同情と陳謝を表現するというのです。何と嬉しい、いたわりの文化だろうと思います。

〈他人志向〉の二面

しばしば言われる、日本人がイエス・ノーをはっきりさせないことは、また第二部第四章にも記しますが、じつは、日本人はイエスのほうは安易に言う性分で、ノーが言えないのです。またもや〝柔しき心〟の現れです。

ロシアのジャーナリスト、オフチンニコフ氏の経験では、日本旅館で朝食をとった時、卵を食べるのに食塩を持ってきてくれと注文したら、帳場では「ハイ」と答えたが、五分、一〇分、三〇分待っても持って来なかった。要するに食塩はなかったのに、外人客の注文に「ノー」とは言えず「ハイ」としか答えられなかった。食塩のない事情を説明して、日本事情に通じない客の顔ヲツブスような事態を避けるための「ハイ」だった、というのが氏の解釈です（『サクラと沈黙』）。

　顔ヲツブスほどでなくても相手を傷ツケルことは悪徳です。「オ気ヲ悪クナサラナイデ」とか「悪ク思ウナヨ」といった文句の常用は、相手が傷つかないようにカバウ習いが日本人の性となっているのを窺わせます。同時にまた、先方を気ヅカイ・思イヤル心の反面には、先方が自分をどう思うか、という推測も絶えずはたらきます。オ気ヲ悪クナサラナイデや悪ク思ウナヨは、恨まれまいと自分をかばう文句でもある。他者をかばう気持の裏に、自己保身・防禦の気持が併せて作用しています。判断や行動の基準を他人の心の中に求める性向を、D・リースマンの用語を借りて〈他人志向〉(other-directed) と呼ぶなら、自・他を共にかばう二面性が日本人の〈他人志向性〉です。自己にも他者にもヤサシイのです。

　そこで肯定・否定の問題にもどると、日本人は小心翼々として断定を避け、肯定か否定かに徹することを逃げた歯切レノ悪イ言いまわしを常用します。…デハナイデショウカ・…ジャナイカト思イマスケド・…ト言エナクモナサソウナ気モ一面デハ致シテオリマスガ…。これらは日常茶飯、ごくありふれた口癖です。その心理は複雑微妙で、言質を取られまいとする臆病さ、他者の気持をかばう配慮、そして意見の対立を前もって避け、事態の緊張を予防するクッションを置いておく和合の知恵……いくつもの要素が複合して、じれったい言いまわしが増え、ふくらむ一方です。その反面で「ズバリ直言」を待望し拍手するのは、自分にやれないことを他者に期待してモヤモヤを解消したいのでしょう。

極東軍事法廷（東京裁判）の判事の一人だったオランダのローリング教授は、評論家竹山道雄氏に「あの判決はあやまりだった」ともらしながら証拠書類を読み返して言ったそうです。「この政治家は軍部の要求に対してたしかにイエスといっている。しかし、それはじつに微妙なニュアンスを帯びたノーなのだ。（中略）日本人の場合には、相手の主張に対して非常に力づよくノーと断言しなければ、たとえイエスという言葉がつかってあってもじつはノーなのだ。これは礼儀の上から、そうなるのだ」と（竹山道雄『ヨーロッパの旅』、傍点引用者）。ロシア人の客に対する旅館の帳場の「ハイ」と全く同じなのです。オフチンニコフ氏は極言して、日本人のハイは聞えていますという合図だ、とまで言っています（『サクラと沈黙』）。

◎年齢秩序の根強さ——対人行動の規準（一）

このように見てくると、日本人にとって、自己の内面より以前に、もっと大事なのは、つまりは人と人との間柄です。日本社会が〈個人〉本位ではなく〈間人《かんじん》主義〉の社会だと言われるゆえんです（浜口恵俊『間人主義の社会・日本』『「日本らしさ」の再発見』）。

社会心理学者浜口教授は、「間人主義」の属性として、①相互依存主義、②相互信頼主義、

③対人関係そのものに本質的な価値を認めること、の三つを挙げています。

自己中心よりも、周囲を本位とする他律的性格、標準を他者に置く〝他人志向性〟が日本人の多数の身についていることはすでに述べました。人との間に身を置いて、対人関係そのものを本質的な価値とする日本人が重んじてきた行動規準は何か。

社会関係のワク組みについて二つだけ挙げると、その一つは、年齢秩序と身分意識です。まず、相手が年上か年下かを目測し、それに応じて自分の言動を決めようとする。つまり年齢は自明の行動規準です。また、戦前のような強固な身分秩序がなくても、相互の社会的地位から言動を割り出す意識は根強いものです。

出スギル・出シャバルは社会的地位や役割（役目柄）をわきまえぬ行動に対する悪評で、「出ル杭ハ打タレル」という戒めも生まれましたが、年長者に対する若い者の言動が分ヲ知ラヌもの（身ノホド知ラズ）と見られた時は特に「出すぎる」と非難されやすい。生意気・シャラクサイなどの表現にも「若輩ノ分際デ」「こどもノクセニ」といった感情が含まれています。イイ年ヲシテという、逆の非難もあります。

凹型文化の日本では、一般に、他者に対してヒカエル・ヒカエ目ニスル（遠慮ガチニスル）ことが美徳とされてきたので、日本社会でリコウナ人と言うと、必ずしも知的水準の高い人を意味せず（一二八ページをも参照）、自分の立場（分）をワキマエて目立チタガリを排する、分別（ふんべつ）ノアル人を言います。わきまえ・分別は、年齢秩序の尺度からは特に要求されがちな態度です。初対面の相手などに「マダオ若イヨウニオ見受ケシマスガ…」と挨拶する妙な習慣も年齢秩序社会の文化の根強さの反映と感じます。

古老・古参・古手・古顔・ヌシ・若造・青二才…といった単語や、「若イクセニ」「イイ年ヲシテ」などの慣用的フレーズは、年齢秩序社会に支えられて存続しています。同じ儒教圏の韓国では、現代の日本などよりはるかに徹底して長幼の序が守られているようですが、それに対して、セルフサービスの客の行列の中に、料理人よりも年長者・高齢者がいても、コックは「ネックスト・ボーイ！」と呼ぶ、こんなアメリカ社会はいわば年齢秩序無視社会、そして社会的地位の差にもしばられない社会でしょう。日本の大学教授がヨーロッパの学者に自分と同学の新進学者のことを語り、「かれは私の後輩でまだ若いですが大変よく出来ます」と言ったら、先方は、なぜわざわざ「後輩」とか「まだ若い」とか言わなければならないのか？といぶかり、ついに声をあげて笑ったということです。

テレビタレント大橋巨泉が番組で〝敬語無用論〟を唱えた時、「だけど年上の人には、どんな地位の低い人にでもボクは敬語使う」と強調したあたりは、さすが頭脳にしみ込んだ年齢秩序重視の発露だったのでしょう。とすれば、この人も、最近の日本家庭で、息子が父親を「おやじ！」と呼ぶ風潮などは許さないだろうと思いました。

ウチとヨソ——対人行動の規準（二）

日本人の意識を支配する、対人行動の規準になるワク付けの第二は、個人の属スル集団という概念です。

アメリカ人は初対面の相手に向かって真っ先に自分の名前を言います。日本人は勤め先の名を言い、自分の名前は場合によっては省略してしまいます。相手も、勤め先の名をまず聞きたがり、それを知って納得し満足します。つまり所属集団優先です（司会者三国一朗氏はアサヒビールを退社後は当然〃肩書のない名刺〃を使うのを常としていたが、その心もとなさは十分想像できます。勤務先のない名刺をもらった人は不思議そうな、あるいは憐れむような顔をしたと想像されます。作家吉村昭氏にも似た経験があるそうです）。

対馬海峡を境にして、朝鮮半島から向こう、ユーラシア大陸はカギを用いる文化（個室の文化）ですが、日本列島は長らくフスマ・障子の文化でした。個人の生活空間を区切らず、コミでムレて生活していた。いまでも日本のオフィスは大部屋です。同一集団は同じ空間にいて、一家であることを実感しているかのようです。

日本人が相手ヲ見テひどく気にするのは、自分と同一集団・内集団（inner-group）のメンバーか、異なる集団・外集団（outer-group）のメンバーか、です。日本の概念だと、身内・内輪・仲間かヨソの人間か。ウチとソト、ウチとヨソは峻別され、それに応じて対処の身がまえが一変します。

同県人・同窓生・同職種などとわかると途端に気安サを感じ、共通の話題で打チトケますが、逆に、ヨソモノは距離を置くべき存在、はては排除すべき存在と意識されます。アカノ他人という言い方には、outsider や stranger にはない、もっと突き放した、截然たる区別・差別の語感があります。

同一集団に帰属するという意識からは、ウチの会社・ウチの学校・ウチの課・ウチのチーム・ウチの県……などと、所属集団を家族に擬制する習慣が生まれ、広く根を張りました。それに対して他集団はヨソの会社・ヨソの学校・ヨソの課・ヨソのチーム・ヨソの県……です。同じ民族でありながらヨソ・ソトのメンバーには異質の人間という仮定で臨みます。ヨソイキの場面・場所柄が特別に重大視され、フダンと区別されるのは、気心知れぬ面々の前に出て、粗相があったり侮られることがあったりしてはならぬと、特別に「かまえた」態度が要求されるからです。身内ノ恥もヨソにさらしてはならぬもので、企業も官庁も隠蔽します。

同一集団（内集団）がイエに擬され、「家族意識がオールマイティー」（鯖田豊之『日本を見なおす』）の文化の中で、イエと同心円を成す一まわり大きな単位はムラで、もう一まわり大きな円はクニ（生国）でした。現代でも政治家たちは派閥のことをムラと呼びます。一般人も「おクニはどちらで？……」が挨拶の定石で、クニモノ（同郷人）と知ると「おナツカシイ」と安堵し喜びます。——大海原に浮かぶ島国日本の住人の注意は、古来、大洋の彼方の外国よりも、山で区切られた隣の生活圏に注がれ、峠一つ越えた向こうがヨソであり他国でした。生国への愛着が並みはずれて強いとされる日本人は、山脈や河川を、クニモノ・ヨソモノを隔てる境界線と認識していたわけです。

元来、心やさしい凹型日本人たちは「我」をマイナスのシンボルとし、強い自我を持つことを好みませんでした。そこでイエ・ムラ・クニという〈拡張自我〉を大事にし、拡張自我をクッションにしてヨソモノに接し世間（後述）の風に当たってきたのです。

先輩・後輩

以上の、長幼の規準とウチ・ヨソの規準が組み合わされると、先輩・後輩という、日本人の間に不可欠の概念が生じます。この概念は、同じ集団に属するメンバー（同士）の間で、長幼の序によって生まれ、更に仲間意識に強くワク付けされて抜きがたく根をおろしました。

「先輩！」という呼びかけには尊敬の念に加えて甘エル気持が含まれています。同学・同門・同郷・同じ会社……の仲間としての親愛の情が感じ取られるのです。なお、かつてはこの呼びかけは男子専用で、女性は使わないのが普通でしたが、女性の社会進出が目ざましくなってからは男性集団の慣用に溶け込んで、スポーツ選手やＯＬ、乗務員、ウェイトレスなどの仲間で「先輩！」と呼ぶのは普通になりました。——中根千枝教授の有名な〝タテ社会論〟では、先輩＝後輩間の序列意識の強さと、その反能力主義的傾向というマイナス面が強調されたが、それに対して浜口恵俊教授（『「日本らしさ」の再発見』）は「日本人にとって先輩＝後輩の関係は、仕事への動機づけを強めこそすれ、その情宜《ママ》的性格ゆえに仕事への障害となることはなかった」とし、「両者間での信頼関係にもとづく相互依存という、集団の組織化にとってのプラス要件」を中根説は見のがしていると惜しんでいます。

●異文化への〝察し〟は不足

ヨソモノの極致は外国人、異文化圏の人たちです。外国人に相対した途端、日本人の〈察しの文化〉は神通力を失い、〝国際化〟はかけ声だけだということをさらけ出します。

察しのいい日本人なら、自国の文化と異文化との差もよく飲み込んで対処しそうなものですが、そうは行きません。察しのきく範囲が、同質のグループに限られるのが弱い所で、異文化の相手（ヨソの人）には勝手が違ってギャップを露呈するのが普通です。

日本に来ている留学生が、日本の家庭に招待された時に困るのは、留学生に話題を合わせてくれず、主人が水を向けるのは「ゴルフ、やりますか？」式の話題一本なので話がつながらない、というのです。相手の生活環境への想像力の貧困、〈異文化の相手には通じない事柄〉に対する認識の欠如です。

昔から日本の外交は異文化とのギャップに無関心だったための失敗も犯しましたが、戦後の日本外交は特に想像力・読心力が不足で、「日本は善意の国です。悪いことは考えてません」の一点張りで向かえば友好が実現できる、という単純な思い込みが目立つそうです（孫崎享『日本外交　現場からの証言』）。浜口教授の言う「相互信頼主義」を切りかえられないままの甘さを感じます。

外交も通商もドラマでありカケヒキですが、カケヒキをマイナスのシンボルとする対人意識（—道徳意識）は外交には阻害要因です。

パリの国際会議で日本代表が「何分トモニヨロシクオ願イシマス」と挨拶したら、通訳が「フランス語に訳しようがない」と困惑したという。人情的なはからいを先方に期待する気持や、期待できることを前提にした安心感を潜在させたこの常用句を、「甘エサセテクダサイという挨拶だ」と評したのはイギリスの社会学者R・P・ドーア教授です。心にくい知日の言でした。

「社会」以前は…

ところで、江戸時代までの日本人のボキャブラリーには「社会」という語はありませんでした。世間・世ノ中、時には世、浮キ世・憂キ世、と言えば生活に間に合った、いや、それらの語こそ不可欠だったのです。

そういうことは常識でしたが、この二十年ほどの間に、そのことを知らない大学生が急増しました。江戸と明治の文化のケジメが日本人の意識の中でぼやけてきたらしい。仮に、コメディ「お江戸でござる」の中で「何もお千代坊が泣くこたあねえんだよ。こいつあ、なんだ、社会が間違ってるんだ」というセリフでも出て来たら、すかさず杉浦日向子女史から、あそこは「世の中が間違ってるんだ」と言っていただきませんと……と訂正されることになってしまいます。

突如訪れた文明開化によってsociety, société, Gesellschaftという舶来の用語を日本人は習いおぼえました。明治の先人たちは、その意味内容を消化し、日本語訳を考案するのに大変な苦心を必要としたのです。諸家が考案した邦訳名は優に二十を超えていて（四十という説もあります）、その中から目ぼしいものや珍奇なものを拾っただけでも次の通りです。

会社（福沢諭吉、福地源一郎、加藤弘之、西周）・仲間会社（中村正直）・衆人結社（同）・人間会社（津田真道、杉亨二）・人間仲間（同）・相生養之道（西周）・世俗（室田充美）・衆民会合（同）・人間公共（杉亨二）・公社（庵地保）・世交（森有礼）・交際（福沢諭吉、加藤弘之、塚本周造、高橋達郎）・世態（福沢諭吉、小幡篤次郎、井上哲次郎）・社会（福地源一郎、箕作麟祥、西周、外山正一、津田僊）……

眺めただけで、涙ぐましいまでの苦心・工夫がしのばれます。あげつくせぬほどの例を紹介した社会学者林恵海教授は、その中で最も注目すべき訳語は会社・交際・世態・社会の四者で、各語が競合したあげくに「社会」が〝適者生存〟したのである、と説明しました。そして、既成の漢語「社会」を日本へ輸入した最初の人は西周、それを正確にsocietyに当てはめて用いた第一号は福地源一郎（桜痴）の書いた東京日日新聞論説（明治八年一月十四日）だと考証しています。

このような次第で、「社会」は日本文化の伝統の中から生まれた概念ではなく、いまは普及度・使用頻度が高くなったとはいえ、日本文化の個性を示すキーワードの一つにはなりません。

◉世間・世の中・浮き世

間人主義の伝統に生きる日本人の社会認識を示すキーワードは、何と言っても、世間であり世ノ中です。関連して浮キ世（古くは憂キ世）があります。

「世間《せけん》」は言うまでもなく漢語で、もとは仏教から出た語です（そもそもはサンスクリット。「世」は時間、「間」は空間に相当した）。それが次第に日常語化し、「我慢」「精進」「迷惑」「往生」……などと同じ程度に日本庶民のボキャブラリーにとけ込んだものだったのです。一方の「世の中」は和語ですが、「世間」も「世の中」も一般庶民の談話用語になり切っていて、これらを欠いては日本人の脳中にある〝人の集まり〟〝人のムレ〟〝人との間〟を表現することはできませんでした。日本民俗学の祖、柳田國男翁は、戦後の学校に社会科が設けられたのを喜びつつも、〝世間勉強〟という科目ならなおよかった、ともらしたものです。

昭和六十年に上智大学外国語学部の学生に問いを出して「世間」に相当する英語として何を思いつくか？　をたずねたところ、world, others, (general) public, community, mass……などに混じって、

neighbourhood, they, environment, people's eyes, human relationship……

といった答がありました。これらは日本語の「世間」の意味、ニュアンスをよく読み取った、なかなか意味深長な答で、日本人の社会認識の根本がどこまでも人と人の間柄であることをいみじくも示しています。旅ハ道連レ世ハ情ケの世が人と人との間柄であることは付言するまでもないでしょう。

井上忠司教授の『「世間体」の構造』では、個人にとって、ミウチ・ナカマウチ（近しい存在）とタニン・ヨソのヒト（遠い存在）の中間帯にあって、行動のよりどころとなる「準拠集団」が「世間」なのだ、と位置づけられています。

サンスクリットの仏教用語に由来する「世間」と違って「世の中」は純粋に日本人の間に自然発生した和語で、古く万葉の時代にはヨノナカに万葉仮名として「世間」の字を宛てた例も

あります。先行した和語ヨノナカを追って漢語セケンが広まりましたが、江戸時代の日本人の用語例を直接に承ける形で編まれたヘボンの『和英語林集成』は、「世間」を「世の中」の同義語としつつ、こう訳しました。

the world—its people, pleasures, manners, etc.; secular life, mundane

そして「浮世」には

This fleeting or miserable world, —so full of vicissitudes, and unsettled: *mama ni naranu wa——no narai.*

と、これはまた絶妙の訳が示してあります。

中世から近世に入った日本では、世・世ノ中・世間……が、俄然、現世肯定的な色合いを帯びて用いられるようになりました（ウキ世も「憂世」から現世享楽色の「浮世」に転換しました）が、あるがままに見られるようになった世ノ中・世間のリアルな相貌の中には、やはりマニナラヌ（ハ浮キ世ノ習イ）という悲観的な側面があったのです。

ここに（浮キ世ノ）義理という観念が浮上します。——ベネディクトは、義理を、世界の文化に存する「あらゆる風変わりな道徳的義務の範疇の中でも、最も珍しいものの一つ」だと驚き、義理を抜きには日本人の行動方針は理解不可能、と断じました。彼女に義理を㈠世間に対する義理と㈡名に対する義理（名誉・礼節・自制などと重なる）とに分類しましたが、浮キ世ノ義理は勿論㈠です。

面倒でつらいことの多い世の中を意味する憂キ世（浮キ世）で、つらさを忍んでも果たさねば（従わねば）ならぬものがそれです。現代では義理チョコにまで拡大されましたが、義理こそ間人主義社会の代表的な道徳です。他人とのツキアイ（贈答は大事な要素）に粗漏がなければ義理ガタイ人と評された（和歌森太郎『日本人の交際』）というのは主に農民社会についての説明でしたが、もっと広く民衆一般に及んだ評価の尺度になっています。

◎貸し借り・世渡り

世間のメンバーとのさまざまの利害関係の中で、日本人の意識にのしかかり、いつも気になるのは貸シ借リです。『菊と刀』でベネディクトが驚いたのは、夏目漱石の坊ちゃんが、親友の山嵐を誤解して絶交しようとする、その直前に坊ちゃんの頭をかすめたのは、しばらく前に山嵐から氷水をおごってもらったことで、その代金一銭五厘を返した上でないと喧嘩ができない、何としてでも借りを返そうと坊ちゃんがムキになる場面でした。アメリカ社会だったら異常な行動だというのです。——「先日はお世話になりまして」「その節はご迷惑をおかけしました」……などと挨拶するのが日常になっているような「過去と世間に負い目を負う」日本人の典型をベネディクトは坊ちゃんに見たのです。

その他さまざまの利害関係に自己の意識がしばられる時は義理を覚え、義理ヲ果タス（済マス）という徳目の履行が宿題としてのしかかります。不義理・義理ヲ欠クは失点になります。借りに属するもののうち、先方の好意によるものは恩で、恩返シは大きな美徳です。ベネディクトは、一銭五厘を返そうとこだわった坊ちゃんの脳中を、喧嘩に際しては「まずその恩を拭い消さなければならないのである」と推測・理解しました。

上智大学の学生が的確に理解した回答にも現れている通り、世間は、社会に比べて、ずっと心理的な、自己の主観と深くかかわり合う存在です。世間ノ目ヲ気ニスル・世間ノ口ガウルサイなど、人の視線や息づかいを感じるものと違い、より抽象された「社会」は、元来、日本人の体感できるものではありませんでした（哲学者長谷川三千子教授は、早くから、日本では「個人対社会」ではなく「自分対世間」だというスキームを強調していました）。

ヨソモノが不定形に群れて常に自分を監視している世間を意識しながら、浮キ世ノ波ニモマレテ社会行動を続ける人生が世渡リです。人と人の間を渡り続けるのです。世渡りには上手・下手があり、才覚のある世渡り上手は得な人間ですが、一般に世渡りは気苦労の多い、難儀なものと意識されます。だからこそ人情は相互扶助の上に欠かせない心情的要素です。

男が敷居ヲマタゲバ七人ノ敵などと言ってきた一方で、渡ル世間ニ鬼ハナイや旅ハ道連レ世

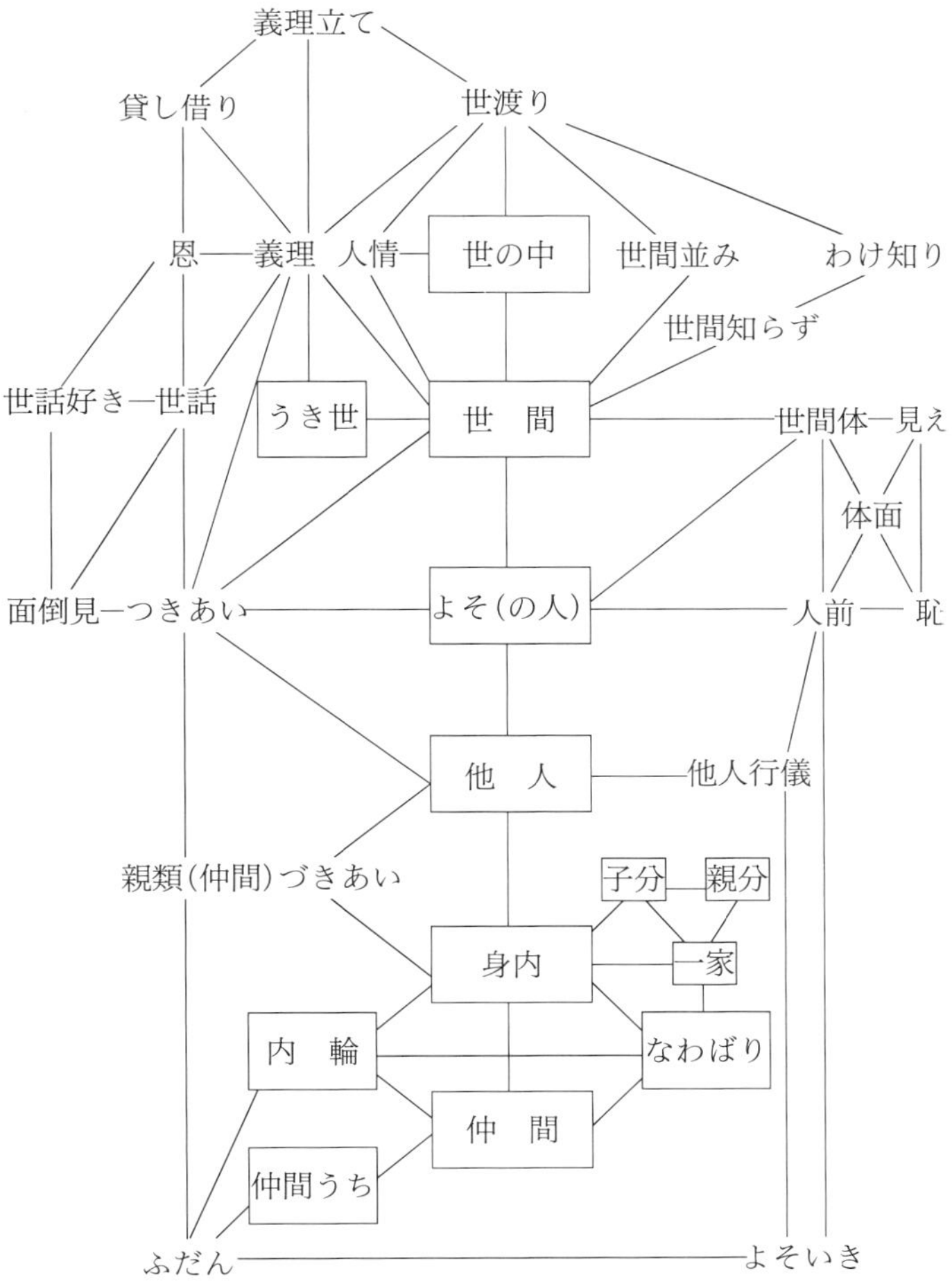

〈人と人の間〉意識の関連概略図

言っています。

ハ情ケは、互恵的相互性の間柄では他人の善意がどんなに恩ニ着ルべきものか、その有難さを言っています。

●気がね・横並び・世間並み

徹頭徹尾、心理的存在としての世間に生きる日本人の生活は、つまり他者を気ニスル生活です。他律性の日本人は気ガネ民族です。気ガネ文化の中では遠慮こそ美徳であり、遠慮気ガネと重ねて言うこともあります。

他者を気ニスル日常の結果、日本人は、高い立脚点から深い人間洞察をくだす哲学的（？）人間ではない代り、他者の一挙一動、一嚬《ぴん》一笑に目を配って心の動きをとらえる〝心理的人間〟になりました。顔色ヲ見ル・目ノ色ヲ見ル反応が身についていて、その一喜一憂、気苦労ぶりは涙ぐましいほどです。事実、微妙な心理のヒダをカギワケル勘（勘バタラキ）は鋭いのです。類語辞典の類、あるいは意味別分類の辞書、例えば国立国語研究所編『分類語彙表』で〈推測・判断〉の項を見ると、察スル・推シ量ル・カングル・見定メル・見透カス・見抜ク・見テ取ル……と、他者の心をのぞき込む様子のあれこれを示す動詞が並んでいて、〈察しの文化〉の中に住む日本人のプロフィル寸描としてなかなか面白いものです（その心理人間ぶりが行きすぎるとゲスノカングリにまで至ります）。

気ガネ社会では、集団の中での、あるいは世間での自分の評価、つまりウケがどうかという配慮が各人の心から離れません。積極的に大向ウ受ケをねらうことには臆病で、例外的な人間が突出すると「パフォーマンスばっかりうまくて…」と悪口を言いますが、消極的に、周囲のウケを悪くしないことには各人が汲々とします。

ウケが悪くならないためには世間と横並ビで行くのが最も無難です。六ページに紹介した作り話の通り、「皆さん……していらっしゃるんですけど」と言われると日本人は弱い。隣近所を見マワシて共同歩調を取ろうとする。昭和天皇のご病状が悪くなった昭和六十三年後半、運動会・秋祭り・忘年会などを〝自粛〟すべきどうかと逡巡した自治体や学校や会社では、近隣の同種団体を見マワシテ、ヨソが自粛するならウチでも、と軒並ミに考えた。自発的ならぬ〝他律的自粛〟でも、矛盾とも不純とも思わなかったのは、これぞ日本流でした。

他者の動向は直ちに自己の動きを制約する。流行に弱いのもその一例です。あるいは、戦前戦中の日本人は国家統制によって一色化させられた、と多くの人が思い込んでいますが、併せて周囲への気ガネとオツキアイ精神が地すべり的な一色化を更に増幅・加速させた事態は忘れられています。〝個性〟重視のはずの現代でも、街頭でマイクを向けられた歩行者は「そうですね、私もヤッパリこの問題は…」と、自分の意見も他者から突出はしていない、と印象づける前置きを忘れません。突出者は一般に、白イ眼デ見てイジメられ、足ヲ引ッ張ラレます。

この世間ナミ精神に関連しては、井上忠司教授が、世間なみに生きようとがんばるエネルギーが日本の近代化の精神的な原動力の一つだと指摘して、「その反面、異端のもつ大胆なエネルギーが発揮されることはきわめてまれであった。ことの善悪をとわず、自分だけがとびぬけて目立つということは『世間』の手前、すぐれて気はずかしいことでなければならなかったからである」(『「世間体」の構造』)と、じつに的確な評をくだしています。

はにかみ・恥じらい・てれかくし——他者の目にうつる自分

他者の心をのぞき込みながら、他者の目に自分がどううつるかを、四六時中気にする日本人の神経は極度にデリケートです。

電車に乗り込もうとする寸前、ドアがピシャッと閉まってゴーッと電車が走り去る、あの時の気持は一種名状しがたいもので、車内のすべての眼が乗り遅れた自分に注がれているかと錯覚するほどですが、ああいう場合の、ちょっぴりシャクで、クスグッタイ気持を言うには、キマリが悪イ・バツが悪イ・間が悪イ・テレクサイ……など、表現は豊富多様で事欠きません。

これらの表現を、日本人は小学校三、四年ぐらいには常用できるほどですが、欧米語にはどう訳すのがいいか？　と問われたベルギー人のW・A・グロータース神父は「ヨーロッパ人にもその種の感情がないことはない。大きな客船で船旅に出ようという時、見送り人とテープを投げかわして船出の感動が高まってくる。クライマックスというところでエンジンの故障か何かで船が進まなくなった。見送り人も帰るわけに行かず、こっちも船室に入れず、どちらも困惑したまま時間を持てあましている時の気持……。あれが日本人の言う間ガ悪イではないかと思うが、ヨーロッパ語には特定の語句で表現する習慣はない」と答えたそうです。

漱石門下の作家・内田百閒は、困るのは車中や路上に〝半知り〟の人がいた時である、と言って、急行列車の中に花森安治氏か誰かがいて自分を見ていた場面を例に引きました。百閒先生の心理はよくわかります。よく知っている人なら挨拶する、知らない人には挨拶無用、だが〝半知り〟という曖昧微妙な仲は案外多くて、声をかけたものか、どうしたものかと迷いが生じる。欧米人にはそんな引ッ込ミ思案は少いのでしょうが、日本人はモジモジしてしまい、ただムッツリという結果になりやすい。他者をいたわる、やさしい日本人は、反面、積極的に心を開くことが下手で、ギコチナイ対人態度に終始しがちです。内気、つまり凹型です。

こうして、ハニカミ・恥ジライの強い日本人は、総じてシャイ（shy）な人間たちで、互いにもじもじし合う気ヅマリな状況や人間関係を打開する勇気や工夫には欠けています。その点ではまことに不器用で、ストレスの溜まる生活から抜け出せません。

ハニカミや恥ジライはヨソの成員に対した時に生まれるだけではなく、ウチの最たるものである家族の間にもテレクサイ感情がはたらきます。ウチに向かってもヨソに向かってもテレカクシをしなければならない。テレカクシは日本人の日常に欠かせない対人行動の工夫です。

内気な日本人はテレをむしろ美徳とし、テレ屋を好もしい、愛すべき存在と見る習いがあります。テレ屋は無愛想・偏屈だと誤解も招きやすいが、一方テレを知らぬ態度は凸型文化風で、図太イ・ズウズウシイ・ヌケヌケ・イケシャアシャア……などと悪評をこうむりやすい。日本人は気ヅマリの心理的負担に苦しんではいますが、さりとて、アメリカ人がよくやるような、日本人の思いもつかぬようなジョークで気づまりを切り抜けるセンスを、うらやむよりはワザトラシイ、小憎ラシイと思うのが普通かもしれません。

◎視線恐怖・他人恐怖

世間の評価に超然として自己（自我）を堅持することの苦手な、心やさしき（tender-minded な）人間たちである日本人は、体裁（ていさい）を大事にし、世間体（てい）をひどく気にしてきました。見エは日本人の社会行動を強く支配する観念です。

世間体を意識すればミットモナイ真似は出来なくなり、恥ヲカクことは極力回避しなければなりません。「一旦差し出したもんだから、ここはなんにも言わずに受け取ってよ。おれに恥カカセナイで…。ここはおれの顔ヲ立テてさ」と、ちょっとしたことにも恥をかく・恥をかかせるという観念が顔を出します。恥をかいたからにはススグべきで、素人の碁・将棋でも麻雀でも簡単に雪辱戦という名が出て来ます。日本人のキレイ好キに連なる潔癖感と、他者の視線・評価を気にする性向が複合して恥の観念が生じたものと解されますが、一九七〇年ごろベストセラーになった塩月弥栄子女史の『冠婚葬祭入門』が「イザトイウトキ恥ヲカカナイタメニ」という副題でアピールし、大成功を収めたのはまことに面白い現象でした。

人に取り巻かれ、お互いに他者の視線や心中をうかがい合う日本的心理については、井上忠司『「まなざし」の研究』や木村敏『人と人との間』など、すぐれた分析が生まれていて、精神病理学者木村教授は視線をおそれる「他人恐怖」を日本人の特性とする理論を提示したほどです。「西洋とは風土が違い、したがって人と人との間柄の様相をまったく異にする日本人において、西洋人とは違った精神病理学的現象が見られるのは、当然のことと言わなければならない」（前掲書）という立場からです。日本語で心の微妙な動きを表現しようとすれば「気」という語を用いずに済ますことは不可能、と見、「気」と「心」は互いに異なる原理の支配下にあって置きかえ不能、とする木村教授は、日本語で慣用される「気」の「大部分は自分以外の相手との関連において見られており、さらにその多くは、自分自身の『気分』が、相手側の事情のみによって動かされる様子を示している」（同書）と、日本人の他律性にも言及しています。

また最近は、生物学的遺伝を重視し、日本民族のDNAのパターンには「損害回避」的な傾向の因子が強く、その結果、必然的に、対立回避・全会一致・根まわし・相互依存的な集団形成などによって不安をやわらげる文化が深く根をおろしていて、急激な社会変動について行けない事例が増えている、とする精神医学者大野裕教授の研究成果も出されています（NHK

「視点・論点」）。文化人類学の立場から「人間の行動の生物学的次元と文化的次元との相互関係の研究の必要」（石田英一郎『民族学の基本問題』）がつとに力説された戦後初期を想い起こします。

恥の文化

いつでも恥の意識につきまとわれている――この日本人社会を分析して、ベネディクトが〈恥の文化〉を強調したのは有名すぎるほどです。恥の文化説は通念として定着しました。否定する必要はありません。

ただし、「恥」を、自己が他者の眼を気にする意識からだけ生じた観念と見て（ベネディクトは「真の恥の文化は外面的強制力にもとづいて善行を行う」と言いましたが）、西洋の「罪」にあるような内面的倫理性を認めないとしたら、それは一面的です。

哲学者西谷啓治教授は「他人の目を気にするということは、いつでも自分が自分で気になるということがあるわけで、そこで初めてモラルという性格を持ってくる…」（日本文化フォーラム編『日本的なるもの』）と、恥が「道徳的な意味」を持つ点を強調し、世間の評判がすべてではなく「自分が自分に対して恥じる」という「内面性」を持つのが日本人の「恥」の観念だと説きました。社会心理学者南博教授も、「アメリカでも、子どものしつけにShame on you!（恥を知りなさい）という」と、恥はやはり日常の行動の規範だと指摘し、日本には元来キリスト教の原罪の考え方はないが「恥意識と罪意識は併存している」として日本人における「恥・罪意識複合」を説いています（詳しくは南博『日本的自我』）。

要するに、「恥の文化」を「罪の文化」と対立させたベネディクト説を訂正した上で「恥の文化」を認識すべきなのです。

日常の対人感情にとどまらずにモラルの次元に達した恥を考えると、恥・恥辱は武士道の重要な柱となる概念でした。名ヲ惜シムや汚名ヲソソグは、体面を片時も忘れてならぬ武士にとっては不可欠の徳目だったわけです。その根本にキレイ好キ・潔癖感があることは前に触れておきました。ベネディクトが日本の〝国民的叙事詩〟と呼んだ「忠臣蔵」は時代を超えて圧倒的な国民的人気がありますが、いくつもの掟（法。ここでは武家諸法度の数項目）をおかした赤穂浪士は、しかし主君の恥辱を雪《すす》いだ行為の見事さを賞讃される。「正義は浪士に、秩序は法に」（中川剛『日本人の法感覚』）と割り切って矛盾を感じない感覚から、徳川幕府による法の適用は当然とした上で、「名誉を守る」恥の文化の軸が貫き通されたことに浪士も満足し、日本人一般も心を洗われる思いで義士を讃美しています。

ただし、現代人自身は、やはり「恥」を多く口にし、ちょっとした恥には依然こだわりが強い一方、「名誉」を核とするモラルの次元の恥は社会的遺伝が弱まり、「恥」の概念の矮小化が進んだ事態は無視できません。

第四章　直感・非分析・成り行き本位
――日本人の事物認識と思考法

あいまいさの効用

日本人の常用句・愛用句「何分トモニヨロシク」は輪郭のぼやけた、内容不明確な表現ですが、はっきりしない（させない）ところが日本人の好みです。

自然と人間のケジメもはっきりさせない日本人は、物事万般に、類別・対立を見ようとする志向が弱く、事物認識は不明確・不徹底、総じて理詰メは苦手です。万物をただ流転すると見る意識からは、流動を引き止め、目の前に静止させて解剖する身がまえも出て来にくい。事物のアウトラインや内部構造を明瞭にとらえた認識や、論理を積み重ねるような表現はカタ苦シイ・味気ナイ…として敬遠されてきました。

人と人の間がシャープでないのを美徳とするように、物事に対する人間の態度もファジーに傾きます。物事に対しても踏み込まず切り込まない、ここでも凹型のコア・パーソナリティーが支配しています。そこで、日本人の好んで描く事物の像は、カッキリと行かない、辺縁のブレた像です。

ホノカ（仄か）は日本語の美しい語句の一つで、ホンノリ・ホノボノからホンワカに至るまで、すべて心地よい状態です。ホノミエルも美しく、ホノメカスのも情趣ある表現法です。ボヤケている代り露骨でなく、ピントをしぼらないのが好ましい境地です。

玉虫色は非難の対象にもなるが事物認識の知恵でもあり表現の知恵にもなります。相手の理解にハバを持たせ、含ミを持たせるのが思慮ある物言いとされてきました。

かつて会議で発言する度に長々と難解なメッセージを連ねたあげく「かような方向で考えて行くのが妥当ではないかという気ガ致シマス」と結んで腰をおろすのを常とする教育学者がありましたが、発言内容に確信がないように装うのが他者を息苦しくさせないでいい、とでも思っていたのでしょうか。

「オ飲ミ物ノホウハ、マダゴ注文アリマスカ？」「話シ合イノホウハ盛リアガッテオリマスガ、会場ノホウノ時間ノホウノ都合モアッテ…」——一々「…ノホウ」を付けてぼかすことはないじゃないか、と思うのですが、意識調査では、やっぱり付けないと気持が落着かないという答が多いそうです。

曖昧さが度を越すと事物の知的理解や伝達の妨げになりますが、曖昧な表現のプラス面も勿論見忘れなくてもよい。芳賀綏ほか著『あいまい語辞典』の中に、「あいまいさの効用」を懇切に説いた門倉正美教授のコラムなどがあるので、そちらを味読していただくとよいでしょう。

合わせの文化

イエス・ノーをはっきりさせないのは、対人意識（前章）の特徴だけではなく、思考法自体の問題でもあります。AかBか、二者択一だとわかっていても二者の間に矛盾する関係を認めるのはイヤです。AであるならBではない、と割リ切ルことを避け、AでもあるがBでもある、と考えようとします。——一神教的なドグマの世界にはおよそ通じない思考法で、国際政治学者武者小路公秀教授の命名では、欧米流の〈選びの文化〉に対する日本流〈合わせの文化〉です。

多神教の韓国や台湾からの留学生に日本人の特徴を言わせても、真っ先に「あいまい」をあげます。——「物ごとの境目をぼかし、対象を合理的に分割区分しない所に、むしろ美や徳を見出そうとする日本人の心情」（石田英一郎「日本文化のパターン」—『人間と文化の探求』）は、近隣諸民族にもよほど印象的らしい。

「分割区分しない」、つまりケジメなしの認識構造を持ち前とする日本人が、ひとたび不祥事でも起きれば一斉に「ケジメをつけろ」と合唱します。何をどうすればケジメがついたことになるのか、的確な説明が聞かれたことは一度もありませんが、ケジメなしの認識でケジメを求めるのは、明晰な知的認識より正義感的な心情が先に立っている場合です。

そう言えば、割り切ルことの嫌いな日本人が勢いよく割り切ってしまう、例外的な場合があります。客観的な知的区分ではなく、感情のからんだ二分法に走る場合です。

愛国者―非国民、民主的―非民主的、良心的―非良心的、改革派―守旧派（抵抗勢力）、

ハト派―タカ派……

一般意味論という学問などが〈二値的〉思考はいけないと言った、その戒めの逆を行ってます。例に挙げた二項の対立では、前者がよいもの、後者が悪いものと決めてある。中立的な知的認識の表現ではなく、ある時は政治宣伝色を帯び、ある時は道徳観念が先走って、味方をほめ敵を非難する手段になります。つまりは善玉・悪玉二分観です。一般にAかBかと迫られるのは苦手だが、善悪二分で悪（と思い込んだもの）を性急に攻めたてるのは好みに合っています。

医学用語が二値的日常用語を単に借用して、善玉コレステロール・悪玉コレステロールと命名したのは、科学的に善悪のはっきり分かれる場合なので、問題ないどころか、明快で親切なやり方でした。が、一般に、知的・論理的、あるいは法的・技術的に判断すべき事柄を心情的または道徳的な次元に移してしまうのは過剰道徳化（オーヴァー・モラリゼーション）だと一

部の学者が指摘する通りです。第五章に述べる日本人の道徳好み、誠実好みの心情主義がベースにあるために生ずる混同ですが、感情抜きにクールに評価すべき場合は、そのケジメを守って知的認識に徹するのが「知的誠実」というべきもので、意識してその方向への訓練を進める必要があります。

カンとコツ――非分析の認識

ビデオの発達・普及した今日では、スポーツの判定もずいぶん分析的になりました。横綱隆の里がライバル千代の富士を倒すためにビデオをくり返し見て相手を研究し、ついにテープがすり切れた苦心談は賞讃されたものです。しかし、昭和十年代、早大出身のインテリ力士として名高かった関脇笠置山《かさぎやま》が、四十連勝、五十、六十連勝と勝ち続ける大横綱双葉山を打倒するために、出羽海部屋の参謀として、双葉山の取り口を映画に収めて緻密に分析した当時は「お相撲さんがそんなことを」とファンの大勢は冷たかった。伝統の国技に不似合いなサカシラとされたのです。

非分析的・非弁別的な認識方法では、尊重されるのは分析よりも直感、そして言語的説明よりも体感です。カンとコツという日本語は、その文化を象徴する存在です。「口ではちょっと説明しにくいんですがね、修理するにはコツがありましてね、慣れた者がやるとなおるんです。やってみましょうか」などと言いながら身ニツイタ技法を活用すると、分析的にやるよりすらすらと運ぶ。コツというものの妙を発揮する場面です。

ヨーロッパのデパートで買い物する時など、いらいらするのは、陳列棚の中を指さして「その手袋を見せてほしい」と言うと女店員は別の手袋を取り出してくれる、「ちがうちがう、その右側のだ」と言うとまた見当チガイの物を取り出す、簡単にカンで飲ミ込ム日本とは勝手がちがって手間取ります。直感的にわかる日本人は器用、カンの鈍いヨーロッパ人は不器用、と思わずにはいられない。現に、暗算の能力などもまるきり違います。

目分量・胸算用・湯加減ヲ見ル・サジ加減・塩加減などは器用な民族の得意技で日本人側の頭ノ回転（血ノメグリ）のよさを誇りたいところですが、日本は電卓の普及なども早いために、日本人が十八番とする暗算が出来ない小学生が近頃は増えたと聞くと、こんなところで機械文明の発達が人間の感覚を鈍くするのはもったいないと思ってしまいます。

理論化ということは野球をやるときや、工場を建てるときや、各種工業製品を製造するときなどには、結構なことであるかも知れぬが、人間の魂の直接の表現である芸術品を創ったり、そういう技術に熟達したりする場合、また正しく生きる術をえんとする場合には、そういう訳にはゆかぬ。事実、純正の意味の創作に関連した事柄は、いかなる事でもみな、真に「伝え難き」もの、すなわち論議を主体とする悟性の限界を超えたものである。

それゆえ、禅のモットーは「言葉に頼るな」（不立文字）である。

（鈴木大拙『禅と日本文化』北川桃雄訳）

これは、イザヤ・ベンダサン（『日本人とユダヤ人』）の強調した日本の伝統、言外ノ言（ひいては理外ノ理）の極致です。イワク言イガタイとは、言語的説明では実在は写しえないもので分析しつくさぬところに良さがある、という見方を含蓄した言い方です。真実は体で理解しろ、「理屈ヲ言ウナ」と多弁を叱りつけるほど、言語化を嫌う伝統は根強いものでした。寅さんの啖呵バイでも「若い男が理屈を言うと女の子にモテないよ！」と言っています（ただし、あの理屈っぽいドイツでさえ、財務官は「君達は論議するな、納税せよ」、聖職者は「君達は論議するな、信ぜよ」と言うと、哲人カントは書いていますが、ドイツ人たちの日常を見ると議論の氾濫です）。

カンのいい外交官・政治家だった吉田茂首相は、噛ンデ含メル説明などは野暮の骨頂と思っていて、言外に含蓄を持たせる簡潔な（不親切な）国会答弁を常とした。前任者の幣原《しではら》喜重郎首相は吉田にとっては尊敬する外交界の大先輩でしたが、占領軍の最高司令官として日本を支配した元帥マッカーサーと幣原首相の会談ぶりを想像した吉田は「両方とも理屈ツポイから話は長くなったろう」と笑っていました。事実、マッカーサーと幣原は三時間にも及ぶ会談をしていますが、吉田には多言を費さぬのがイキだという自負があったのでしょう。

かつて埼玉県の農村に養蚕日本一を何年も続ける名人がいて、その人に会ったことがあります。行政が注目して農林技官といった人たちが続々と訪れ、秘訣を教えてくれと質問するのはいいが、近代科学の専門用語を並べたてて問いかけるので、言外ノ言でやってきた名人は応答の術《すべ》がない。果てはノイローゼになり失語症状態が続くに至った。しかし体得したコツは確かで、しょせん科学技術の千万の言はかれには不要のものでした。コンピューターを使った気象情報より、農漁民が雲や風にカンを働かした天気予知がずっと正確だ、というのも同じ事情です。

理屈を超えた理解、理外ノ理の信仰にもつながるものか、和辻哲郎『風土』には日本芸術の〝点描性〟が強調してあり、「知的内容において合理的脈絡を見るのでなくただ気合いにおいて言葉の脈絡を感ずる」気合いの芸術の特性が指摘してあります。その芸術の極致は俳句です（一四七ページ以下を参照）。「全体人間の言葉なんてそう細大洩らさず思い通りのことを表現出来るものではないのだ」（「現代口語文の欠点について」）と割り切った谷崎潤一郎も言語化認識万能の否定者でした。

即物的表現の妙

往年の日本の学生が尊敬したドイツの哲学者ショーペンハウエルは、「何かある事柄についての抽象的概念だけでは、決してそのものの本当の理解は得られない」と教えています（『知性について』細谷貞雄訳）。

「抽象的なものをすべて直感的なものへ引きもどそうとする試み」によって「はっきりした像を抱き」、つまりイメージが湧くことによってはじめて「事物の真正な理解」が出来たと言える。抽象と具体、普遍化認識と個別化認識が表裏一体補い合ってこそ事物の真実はわかる、というのです。

抽象のレベルの話は後まわしにして、まず、具体的な認識によって個物のイメージをありありと描くことは、これぞ日本民族のお家芸とも言いたい得意技です。

即物的に「はっきりした像」を抱くことの巧みさは、一つには日本人の用いる比喩を見ればわかります。泣キツラニ蜂（「ダブル・パンチ」と言うより具体物に即している）、井ノ中ノカワズ……、青菜ニ塩、ヤブカラ棒、二階カラ目薬、花ヨリ団子……。――タデ食ウ虫モ好キ好キというところを英語ならEvery one to his taste.と言い、あたり前すぎて曲ガナイ。背ニ腹ハ代エラレヌはNecessity knows no law.だそうで、法感覚の根強さは理解できるものの、やはり頭の固い人間の集団だなあ、と思ってしまう（二三五～六ページ）。

ショーペンハウエルは、「あらゆる国語にみられる無数の比喩的表現」で明瞭な像を描くべしと考えたのですが、それなら日本人は伝統的に有利な条件を具備してきたことに自信を持つべきです（近年の、ことわざ知識の衰退などは好条件を自ら捨てていることになる）。日本語に擬声語・擬態語が多いとはよく言われることで、それは日本語だけの特色とは言えませんが（一九四ページ）、その種の単語を多用するのは感覚的・非分析的な事物認識の一例証です。サラサラとザラザラ、ハラハラとパラパラとバラバラなどは響きを生かして具象的な認識を表現し分けた例、シコシコなども他の語句では置き代えられない適切な表現と思います。

たとえば同じころがることの形容でも、いろいろな言い方がある。コロコロ――ころがり続けること。コロリ――一回ころがって止まる様子。コロッ――ころがりかける様子。コロリコロリ――ころがっては止まり、ころがっては止まる様子。コロンコロン――はずみをつけてころがっていく様子。

（金田一春彦『日本語』新版・上）

金田一教授によれば〝擬情語〟と呼ぶべきものが発達しているのは日本人の感性の特色を示す、という。なるほど、ジリジリ・ハラハラ・ヤキモキ・ウキウキ（近頃はルンルンも）・イソイソ・ムシャクシャ……心理状態が手に取るように目に見えるように把握し描写していますす（一九五ページをも参照）。

そんな例からも、日本人の感覚がキメ細かく、五官の働きも敏活であることは承認されてよいでしょう。中村明『感覚表現辞典』などからも、そのような日本人像をうかがうことができます。五官の敏活な働きに加えてハートがいつも動いているのが日本人の事物認識かもしれません。

真の抽象思考がない——空語・空文の呪術

このように、日本人は直感的・即物的・具体的な事物認識に長けています。ショーペンハウエルの要件の一つは間違いなく満たされました。では、もう一つの面、抽象的な認識や思考はどうでしょうか。心細い、お寒い、というのが結論です。

歴史をさかのぼると、漢字が渡来するまでの日本語には、抽象的な意味の単語が少なかった。即物的・具体的表現に向いていました。それが漢字を知ったことによって抽象的な観念を多く知るようになり（仁・義・礼・知・信…）、明治の文明開化でどっと流入した洋語にも抽象的な語句が多かったが、その多くは漢語に訳され〝外来〟〝舶来〟の印象が薄められて日本語の体系内に定着しました（哲学・物理・権理（利）・演繹・帰納・前提・因子・代謝……）。

こうした漢・洋の重層的混在によって抽象語句は豊富になり「どんなことでも考えるのに不自由がない」（金田一春彦『日本語』新版・上）というまでになりました。未開民族の例としてよく話題になる、個別の名称は沢山あるが普遍化した呼び方・言い方がないなどは、日本語とはまるきり別の世界の話です。

また、主として欧文翻訳調の日本文が普及したためですが、抽象的な意味の名詞を、主格や主題にしたり（いわゆる〝主語〟にしたり）その他のセンテンスの成分として駆使することも自由に出来るようになりました。「正義はわれにあり」「真理はおよそ中庸のあたりにあるだろう」「不条理を容認するか否か」「懐疑の否定は人生の幸福をもたらす」……など。

だから、日本人の抽象思考が心細いのは決して抽象語句が不足だったりセンテンスの構成法（文法）に根本的な欠陥があったりするからではない。それらの語句や法則の使いこなし方、受け取り方に問題があるわけです。

かつて評論界の帝王とされた大宅壮一氏は「頭の悪い者ほど難解な文章を書く」と言ってのけました。痛快。至言です。

難解な表現の一条件は、抽象語だけが並べ立てられていて、「直感的なものへ引きもどす」営みが欠けていることです。

「六〇年代の私は、六・一五における私自身の不在をどこまでも原点から遠いかなたに投げいだすひとつの抛物線のごとく、再びは回帰する点を持たない軌跡をみずからの立場の連続する時間として生きていると確信しようとしていた」――これは学者の書いた文章だそうですが、この種の文章を書くのが偉い学者だという思い込みが世間にはかなりあります。特に左翼系の社会科学は抽象語羅列のスタイルでしかやれないとインテリたちも思い込んでいた。〝講

座派〟マルクス経済学の巨頭と仰がれた時期のある山田盛太郎教授の文章は、

強力な構築になる軍事機構＝鍵鑰《やく》産業体制の基礎たる所の、又半隷農的零細耕作農民及び半隷奴的賃銀労働者の地盤＝供給源たる所の、尨大なる半農奴的零細耕作土壌〔その範疇的表現、半隷農主的寄生地主的特質の半封建的土地所有諸関係〕そのもの、それの同時的、相互規定的の、強力な創出過程……

こんな調子のもので、さながら呪文だが、あろうことか、「当時およそ『良心的』な学生はいずれもこの山田先生の精神を己が精神とし、似たような言葉で語ることに努力した」（傍点引用者）と、林健太郎教授の回想（『個性の尊重』）にあります。昭和初年の若いインテリの世界の雰囲気が手に取るようです。

夏目漱石の『吾輩は猫である』では、飼い主の苦沙弥先生のもとに気の変になった人物の手紙がとどき「われの人を人と思ふ時他のわれをわれと思はぬ時、不平家は発作的に天下る。この発作的活動を名づけて革命といふ。………朝鮮に人参《にんじん》多し、先生何がゆえに服せざる」などと書いてあるが、苦沙弥先生は、フーム、これはよほど学のある偉い人にちがいない、と感心し嘆息します。猫が見ていて「主人は何によらずわからぬものを有難がる癖があるので」と評しますが、山田盛太郎教授の精神を己が精神とし、というのも「わからぬものを有難がる」メンタリティーでしょう。

聞く人にとって無意味であり、読む僧侶も必ずしも理解していない漢文の経典の読誦が現在まで行われているのは一面においては、呪術的効果を顧慮したものと見てよいであろう。

（渡辺照宏『日本の仏教』）

つまり煙に巻かれるのが心地よいのです。難解な講義をする先生が偉い学者だと思われる、というのはよく聞く話で、煙に巻かれたがる心理につけ込めば先生は尊敬される。「呪術的効果」です。

日本方言学の育ての親、東条操教授は、ご自身は必ず平明な語句だけを用いたおだやかな筆致で著書・論文を書かれましたが、ある時、後進の学者の論文原稿を一読して、こう助言されたそうです。「終りのところに、ちょっとむずかしい、わかりにくい文章を一つつけ加えたらどうですか。でないと、これは科学的な論文ではないと思われますよ」――日本の学界人や読者の難解語信仰を諷刺した、江戸っ子のアジな発言です。

元の一橋大学学長、増田四郎教授がある席で語っていわく「日本の大学の社会科学は言葉を教えてるんだ。専門用語を次々教えても事実がわからなくちゃ学問にならないよ」と。――イザヤ・ベンダサン（『日本人とユダヤ人』）が日本人の抽象思考には〝具体底〟がない（事実の裏付けが欠けている）と喝破したのと合致する見解です。

賀茂真淵が歌について「古の歌ははかなき如くにしてよく見ればまことなり。後の歌は理ある如くにしてよく見ればそら言なり」と評したのは、歌に限らず論文・講義にも通じることで、「理ある如くにしてよく見ればそら言」の具体底なき言説は、日本の舶来アカデミズムの主流の観がありました。知的認識にハートの動きがからみ過ぎた結果です。

言語学者大久保忠利教授が〝哲学的レロレロ〟ときめつけた類の混迷発言の多い教壇風景も想像できますが、呪術的効果を嫌う英米人などの文化になると、生活の現実から遊離したロフティー・アブストラクション――〝崇高な抽象〟といったものには価値を認めないのだと言われます。哲学的レロレロの発生する余地が少いと言えるのでしょう。

抽象思考に強くなるというのは、むやみに抽象語句を使うことではありません。抽象的な語の意味を確かにとらえること、そして、抽象語や抽象的な文章を絶えず具体的な事実に引きもどし、当てはめてみることです。証拠の裏付けを片時も忘れないことです。抽象的な表現をした、と自覚したら、すぐ、「例を挙げる」ことが出来るだろうかと自問してみる。この〈自己内対話〉を試みて、「そら言」か否かの自己検証につとめる必要があります。ショーペンハウエルの言う「事物の真正な理解」がそこではじめて成り立ちます。

抽象語句だけで即物的・個別的な証拠を欠いた表現は、哲学者エルンスト・トーピッチュの言う〈空虚公式〉の見本に陥りやすい。夏目漱石が坊ちゃんの口を借りて「言語はあるが意味がない」と軽蔑した類の物言いです。政治家後藤田正晴氏が竹下登首相に「キミの言ってることは言語明晰・意味不明瞭だ」と評したのは有名ですが、竹下氏は発音発声が明瞭でかなり多弁、しかし聞いていると論理全体がとらえられなくなる。あれは煙ニ巻ク意図からか、発言内容が自身にも消化できていなかったのか。

◉日本人の論理構成

演劇研究家の水落潔教授は「世界は近くなったとはいっても民族間の感性の差は依然として大きいのである」と言い、日本人の喜ぶ歌舞伎舞踊「藤娘」や「道成寺」は、外国、特に物事を論理的にとらえる欧米では不評だという事実を紹介しています。

> 日本で人気ナンバーワンの「道成寺」などは、とくに評判が悪い。男に裏切られた女の霊が、鐘を恨んで現れるという筋を頼りに見ていても一向にそれらしい話が展開しない、一体この踊りは何を意味しているのか、という疑問が出るのである。……中には引き抜きといって一瞬にして衣装を変える歌舞伎独得の技法を蛇の脱皮とまちがえた観客もいたそうだ。
>
> （毎日新聞、九五年六月十七日）

これではたまらない、あれは「女心のさまざまな風情を踊りわけているんですよ」と説明しても先方は納得しない。水落教授いわく、確かに「白鳥の湖」はメルヘンとはいえ筋が通っている、「道成寺」の詞章には論理性のかけらもない……と。それにしてもカルチャー・ショックが大きいものだと驚きましたが、考えれば無理もない話のようです。

舞踊「京鹿子娘道成寺」は、長唄と多彩な和楽器も賑やかに、〽鐘に恨みは数々ござる。初夜の鐘をつく時は。諸行無常と響くなり。……と日高川伝説らしい文句で始まるが、何度も衣装を替えて華麗な踊りが展開する間に、唄は賑やかに諸国遊里の列挙や花づくし、「恋の手習」と目まぐるしく幾変転、一時間もかけた末に〽思へばく恨めしやとて。龍頭《りゅうず》に手をかけ飛ぶよと見えしが……と白拍子花子が鐘に入り、やっと道成寺らしい結びになります。

このように「全篇を通じて一貫した旨意もなく、所作の上にも統一がない。全く世に言う当り文句を排列したもので（全七段が独立し）其の間に何の連絡もないものである」（高野辰之『日本歌謡史』）というのがとりわけ長唄など唄い物の詞章の本質で、江戸期以来、「変化に富むので何時も歓迎された」とあります。

そう言えば芝居の「仮名手本忠臣蔵」でも「義経千本桜」でも「三人吉左廊初買」でも、論理的にはツジツマの合わないことだらけですが、伝統の庶民感覚には幾つかの見セ場や名ゼリフが受けたので、論理的脈絡（logical context）は問題にしなかったらしい。根が心理的テンポの早い、気短かな民族と診断された日本人は長い脈絡は苦手で、本領は「細部についての感受性」（吉田精一『古典文学入門』）です。われわれも歌舞伎はそこを楽しむのです。

　文明開化以後の演劇は西欧型の論理的脈絡に貫かれた外来の演目が増え、更に芸術とは別次元の学問の世界となれば言うまでもなく西欧流の論理の世界になりました（そのタテマエと異なる似而非論理の呪術が氾濫したことは一〇九ページあたりから既述）。――エッセイ『刑法紀行』の名文で日本エッセイスト・クラブ賞を受けた刑法学者団藤重光教授の次のスピーチは、論理厳格を生命とする法学者の面目を如実に示していました。いわく、「刑法が紀行するわけはないのでして。法律が旅行して歩くというのは論理的にはどうしてもおかしいわけで……このタイトルに踏み切るのにずいぶん悩んだのでした。法律家というのは論理的に思考することばかりに慣らされているものですから」――滋味深い語り口にエッセイスト・クラブ会員は和やかに笑いくずれましたが、論理に忠実なこの精神をお手本に、日本の法曹関係者も純理の貫いた裁判に一段と目覚めてもらいたいと思ったことでした。

　一般は団藤教授のように厳格に行かないのが日本人の常で、漱石の坊ちゃんは、教頭赤シャツが、善良温順なうらなり先生を遠方へ追いやった後、代わりにお前を昇給させると言うと、それじゃ古賀さん（うらなり）に相済まぬ、男が立たぬと抵抗するが、赤シャツの論理に抗し切れなくなると「あなたの言うことは尤もですが、私は増給がいやになったんですから、まあ断ります。考えたって同じことです。左様なら」と言い捨てて赤シャツ邸を後にする。論理のスジは通っていないが心情的にはスジヲ通シタ快感が残る。日本型論法の平均線と考えていいでしょうか。

◎日本人の思想形成

日本人の論理と西洋人の論理はずいぶん違います。論理の感覚が違う、論理的感性が違う、と言うべきかもしれない。――一九七九年、東京で開かれたサミット（先進国首脳会議）で、日本の大平正芳首相の瞑想的・禅問答的な発言は理解不能、と業を煮やした西ドイツのシュミット首相が、会議半ばで帰国しようとした出来事などは、論理のギャップを象徴する事例だったでしょう。鈴木孝夫『閉された言語・日本語の世界』の巻頭部分にも、日本の高名な文芸評論家の文章を引いて、外国人には飲み込めないと評してありました。

俳句でも歌舞伎舞踊でも、本領は論理の飛躍もしくは断絶です。論理の積み重ねではない。そこで、積み重ねによって構築された西洋の体系的な思想とは性が合わないことになります。「日本人は概念構成の性能に乏しいので、そういう（西洋風の）哲学はもち得なかったのです」（長谷川如是閑『私の常識哲学』）という論はその間の消息を言ったものでしょう。「我が日本、古より今に至るまで、哲学なし」（中江兆民『一年有半』）です。ヨーロッパの形式論理学に酷似したインドの論理学を基底に持つ仏教の形而上学などは（更に中国仏教の思想でさえも）日本人には理解困難だった、という指摘（渡辺照宏『日本の仏教』）も思い合わされます。

確定した哲学もしくはドグマを堅持しなければ、思想的にも「合わせの文化」となる道理で、一神教世界のロゴスが貫く社会とは対照的な日本社会にふさわしく、「日本の思想全体が、原理的に全く矛盾する世界中のあらゆる思想が対立することなく『すみ分ける』、といった思想的雑居状態を生じ、…」（中山治『「ぼかし」の日本文化』）という無原理的な状況を呈します。「概念構成の性能に乏しい」のに乗じて各種の思想が好きなようになだれ込んだというわけでしょう。往昔、歴史学者津田左右吉は、「おのれ等にしっかりした思想が無いために、文字と書物を過度に尊崇する邦人の習癖」を指摘し、自身の心生活、純真な感情と相容れなくても書物で知った儒者の説をそっくり信ずる日本人も出てきたのだと説明しました（『文学に現はれたる我が国民思想の研究』二）が、いや、思想を信ずるなどは一般人にはウワベのことで、腹の底では信じてなんかいない、という論評があります。傾聴すべきです。いわく、

> 庶民においては、タテマエはともかくホンネの部分は、移りゆく諸現象と日々の人間関係（しばしば世間と形容される）の中から形成されたイメージに対する強い信頼感のほかは、儒仏の形而上学から理念としての西欧合理主義に至るまで少しも信じられてはいないのである。というより、神や合理主義といった形而上の理念が結局信じられないが故に、実感しか信ずることができないのである。（中山治『「ぼかし」の日本文化』、傍線と傍点引用者）

右の著者は、日本の知識人にしても、自ら思想を創出することなく「外来の既成品をただ輸入し紹介する役割しか果せなかったといってよい」と断定しました。そのような精神風土にあって、明治以後でも例えば柳田國男・折口信夫や宮本常一らの民俗学的研究、橋本進吉をはじめとする国語学者の学問など、借り物でない知識の世界が構築されてきたのは貴重な例です。

長谷川如是閑は、イギリスではイデオロギーなんぞは辞書の訳に「役にも立たない妄想」と言っているぐらい馬鹿にする、日本の観念インテリが訳のわからぬ文章に心酔するのは、英米思想の後からドイツ風の学問や思想が入ってきたからだと断じた人で（『私の常識哲学』）、日本でも実務インテリは生活人として社会人として英米風の構えを持続したと見ました（飯田泰三・山嶺健二編『長谷川如是閑評論集』）。そして、後者こそ日本人の伝統的態度であって、釈迦もキリストもプラトンもカントも「外国からの、もしくは神代からの、借物《かりもの》で事足る」とした日本人は、コントの〝思想の歴史の三段階〟のうち①神学的②哲学的段階は苦手で、③実証的段階こそ得意なのだ（『評論集』）と論じています。――だから、古来、大陸や西欧の外来文明を日本流に発展させ得たのは、農工生産・自然科学や美術その他、有形の文化的生産財だけだった、とします。哲学や人文・社会科学の分野において、如是閑の評する「空想家」性を克服するのが日本の知識の世界の課題であり、それには「わからぬものを有難がる」習癖の徹底的矯正が根本です。

◎日本流の事態処理

「十二人のやさしい日本人」（中原駿監督）という映画がありました。アメリカ映画「十二人の怒れる男」のパロディーです。

日本のやさしい陪審員十二人は、はじめから理詰メを避け、ナントナク一座の空気がナシクズシに変化するのに乗って行くとイツノ間ニカ結論らしいものが生ずる。本場？の陪審員の討議は時間を追って求心力が強まり、不熱心だった男も次第に身を乗り出してくる。「おれたちが、こうやって、利害損得に一切関係なく、見ず知らずの人間（被告の少年）の運命について公平に討論することができる。これが民主主義のすばらしさだ」とアメリカンデモクラシーの本質まで高らかに謳いながら論証を競い、ついに無罪に決着します。

西洋社会は自立した「個」の対立と協調という図式で動き、丁々発止の討論・カケ引キのあげくしばしば劇的な合意（妥協を含む）で決着点に至ります。弁証法という思考法の伝統が確立していて、正（テーゼ）と反（アンチテーゼ）を止場（アウフヘーベン）してより高次の結論に到達するという教科書的なモデルがあります。

日本流では、はじめからそこが曖昧です。原則など立てず、何トハナシニ成り行きが醸成され、水ノ低キニツクヨウニ、ナシクズシに到達点に近づいてくる、それがいいのです。五六～七ページにも触れた通り、自然界の運行にゆだねるかのような成リ行キマカセ。予め妥結点を想定するならそこがオトシドコロで、人為を感じさせずにそこへ誘導するのが事態処理の名人です。

プリンシプルとかイデオロギーとか、公式めいたものは性に合わないので、これまで見てきたように、思考がとかく無構造・無結節です。構エを作らず事態が自然と流レルのがむしろ好ましいのです。物事はウツロウもので、時がたてば事態は変るのだから、意思をもって変エヨウとすることはない、いやなこと、好ましからぬ事態は取リ敢エズ・ヤリ過ゴスのが対処の知恵です。日本民族の〝台風型政治体質〟を指摘する政治学者中村菊男教授いわく、「日本人の性格として避けられる災害や衝突を、あえて避けようとしない傾向がある。それが、戦争勃発の場合、とくにあらわれたような気がしてならない」（『日本人を動かすもの』）。

つまり手ヲ打ツことには消極的。人為的調整や壮大・緻密な計画も不得手です。「プロジェクトX」（NHK）に出てくる各種の成功例にも、手サグリで個別のケースの処理を積み重ねる苦心が感動を呼ぶものが少くありません。

大構想の苦手な日本人らしく、昭和初期の国家の指導者たちもしばしば出タトコ勝負を重ねた。それが実態だったのに、大陸の戦線拡大から日米開戦までを綿密に〝共同謀議〟したなどと断罪した部分は、東京裁判の中で最大の見当ちがいと言うしかない。日本人もえらく過大評価（買イカブリ）されたものだ。公爵近衛文麿は、日華事変勃発の時も日独伊三国同盟締結の時も首相の座にあり、腰ノスワラヌ、行キ当リバッタリを重ねて悲劇的な戦争突入に至らしめた責任者の筆頭ですが、敗色決定的な昭和二十年の正月、やっと腰をあげて和平工作に乗り出そうとした、その時、色紙に感慨を托したのが「幾山河越えさりゆかばさびしさの果てなん国ぞ今日も旅ゆく」だったとは……。

気勢をあげたデモ行進にも、ゴールは勢揃いせず三々五々帰って行く流レ解散というのがありますが、これもまた、物事は流れて無結節、未完でよいとする『源氏物語』にまで連なる意識でしょうか？　――自然と人事を包括して言う特性語「気」には五七、九八ページで触れましたが、物理的存在である空気という気体になぞらえて人間の心理状況を言うのも似た趣ものです。いわく、「名状しがたい空気でした」「あの空気ではとても反対できなかった」……。あの場の空気、社内の空気、時代の空気、といった不定形のものが意思決定に先行し、事態はそれに従って動く、というのもオノズカラを根本とする文化が生んだパターンです。

人間が主体となって目的意識と段取りで事態を動かす能動の世界と、人間も自然に包まれて意思を抜きに事態が動く受動的な世界と、二つの文化の対比には、第二部第二章のBでも動詞「する」と「なる」その他に関連してふれることにします。

第五章　謙遜・自己修養・心情主義
――日本人の道徳意識

◎間人道徳の世界

〈間人主義〉の日本では、一神教の世界のような神との対峙によらず、人と人の間に生きて行く間に形成された、いわば〝間人道徳〟が己れの言動を律するものになっています。わが多神教社会の諸道徳の源には、古代日本人の「清く明き心」や「まこと」「ひたぶるごころ」があり、加えて儒教の思想、また仏教（とりわけ禅宗、浄土真宗など）の教えが大きく作用し、それらに由来する諸観念がやや雑然または渾然と複合して、日本人の道徳意識を形成して来ました。

世間様に顔向ケナラナイ行為は不道徳であり、オ天道様のバチ（罰）が当ルような真似は慎むべきものになった。バチを避けるための徳目遵守は、一種の保身、広い意味での世渡り・処世の知恵につながるものとも言えますが、他面には義憤・義俠・自制・克己・名誉保持など、利害を度外視し損を敢えてする精神も強化されました。「武士は食わねど高楊枝」の心が、やがて江戸の町人の「宵越《よいご》しの銭《ぜに》を持たぬ」誇り、意気《いき》地となった（九鬼周造『「いき」の構造』）と説かれた例もあります。

「禅を深く吸込んでいる武士の精神はその哲学をまた庶民の間にまで拡げた」（鈴木大拙『禅と日本文化』）――禅や儒教を根底に持つ武士道は、こうして町人道・商人道にも連なり、それぞれが乖離・矛盾しない関係を作った日本的道徳の世界が、近代日本にも伝承されました。日本経済の近代化を先導した巨人渋沢栄一の「右手に算盤、左手に論語」の精神も、〝修身（道徳）と算盤（実利）の二重構造〟と呼びたい日本人の意識の代表だったかもしれません。

第二次大戦後、時を経て、日本人特有のマジメ（真面目）さが崩れて来たと言われ（千石保『「まじめ」の崩壊』など）、道徳的頽廃のいちじるしさが指摘され嘆かれていますが、一方また、

> ……若い世代が「恩」「義理」といった言葉をそのまま口にすることは少ないであろう。それは「引き」「コネ」「借り」「お返し」「つきあい」「格好をつける」などといった語でしか表現されないかもしれない。けれども、日本人において、老若を問わず、「恩」「義理」的な対人関係モラルが、その相互作用を強く規制していることは、今も昔も変わりのない事実なのである。
>
> （浜口恵俊『「日本らしさ」の再発見』）

他律型〝間人道徳〟は健在だと、調査のデータも示していると右の書は言うのです。ポストモダニズム社会の混沌の中における伝統的道徳の崩壊度を見きわめるのが今後の課題です。

日めくり・柱暦《はしらごよみ》という種類のカレンダーがいまでも方々の家庭や職場にあり、その中に一日一句ずつ格言・金言の類を掲げたものがありますが、あれはさながら、日本人の伝統的メンタリティー、わけても庶民の道徳観念の索引です。

「高慢は出世の行き止まり」「一事を怠る人は万事を怠る」「信用は無形の財産」「堪忍は無事長久の基」「辛抱する木に金がなる」「苦難中また無限の楽しみあり」「誠実と勤勉を心の友とせよ」……など。平成に入って若い世代から懸賞募集した標語の入選作にも「人のこと思う心が自分を作る」という小学校六年生男児の作がありました。

これらの索引にも現れた伝統的道徳意識の中から、この章では次の諸傾向を取り出して観察します。――①控える（謙譲の）意識、②修める（自己を深める）志向、③心情主義、の三つです。

◎謙譲の美徳

一神教的な戒律に身を正すのではなく、多神教的な諸源流に由来する道徳を愛好してきた日本人が、美徳とすることの一つに謙遜があります。長谷川如是閑は、日本の貴族・武士・町人・職人に共通して、自己をへりくだって表現し、あるいは否定的にさえ表現しようとする日常の心理があったことを説きました（『日本的性格』）。

オロニ合ウヨウナモノハゴザイマセンガ、何モゴザイマセンガ召シアガッテクダサイ、ツマラナイモノデスガオ納メクダサイ、心バカリノモノデオ恥ズカシインデスガ……。日本語の挨拶文句に自己卑下の表現が多いことは知りつくされています。日本人に仕事を依頼して「出来ルカ出来ナイカ自信ガナイガお引き受けする」と返事された欧米人は、自信がないのに承諾するのかと声をあげて笑うそうです。

韓国では、この謙遜の美徳は日本以上に徹底したものらしい。渡辺吉鎔《きるよん》教授（『朝鮮語のすゝめ』）によれば、韓国の主婦はお客の接待には腕によりをかけ、質量ともに充実しきって「お膳の足がまがるほどの」料理を出すのに、お客にすすめる時は「何もございませんが…」「下手な料理ではずかしいです」「おいしくないが沢山召しあがってください」と言うそうです。贈り物にも「並み以上のものではないですが」「些少ですが」お受け取りください、と言い、目上の人には「何もわかりませんが、よろしくご指導ください」と言うのが定型だという。日本とそっくり、あるいは自己卑下にかけては輪をかけたほどと言えるかもしれません。

ここにはさすがに儒教文化圏の共通性を感じます。大陸から韓国を経て渡来した儒教は、多くの徳目と共に、謙譲の美徳を日本人に教えたものでしょう。ただし、石田英一郎教授によってつとに唱えられたように、弥生時代までの間の稲作農耕文化の形成と相伴って作られた日本民族のコア・パーソナリティーが、そもそも、おとなしく控え目なものだったために、後に伝来した儒教や仏教の〝消極哲学〟は受け入れやすく、浸透しやすかったと考えたいのです。儒教も仏教も、日本の民族性の基層にマッチし、それを言語化・徳目化する作用を及ぼしたと理解します。そのような民族性の基層があったので、貴族から職人まで、各時代・各階層にわたり、自己に対する否定的なまでの抑制の姿勢が根を張ったものと解されます。

日本でも、政治家は大衆の前で自分をアピールしなければなりませんが、謙遜文化に加えて戦後は低姿勢化が進む一方で、「私ヲ育テテイタダイタ皆様方」「存分ニ私ヲオ使イクダサイ」など、謙虚を通り越して卑屈になりました。一般人の日常会話でも、自慢デ言ウワケジャナクテ・自慢メイテ聞エルカモシレマセンガ……などの前置き抜きでは自分に関係のあるプラス評価は語りにくい。謙遜文化を象徴する前置きです。

……ローマの賢婦人コルネリアは、友人の成金夫人から宝石の数々を見せられたあと、今度はあなたの宝石を見たいと言われ、「これがそうです」と言って自分の二人の子どもを示したという。日本でこういうことをやろうとしたら、すらっとやるのはずいぶん難しかろう。

（金田一春彦『日本人の言語表現』）

自身が成功したこと・健康であること……などを報告する時、オ蔭サマデ…と言うのが日本人の習慣ですが、韓国の呉善花《おそんふぁ》女史は、自分にどれだけ力があっても「皆さんのお蔭」と言う日本人が不思議だったらしい。時が経つうちに、海の彼方から幸せがもたらされるという古来の信仰、豊かな穀物の実りをもたらしてくれる神への信仰といった日本の伝統により、「自分の力」が「外部の威力」と無縁ではあり得ないという思考がもたらされたのだ、という解釈に達したということです（『攘夷の韓国　開国の日本』）。

女史によれば現代韓国には「外部の威力」への感謝の習いがなく「自分の力を誇ることが好きだ」とあります。日本人は対照的に凹型で、自然の恩恵でも他人の好意でもアリガタイと感謝します。他力を立てるのは鎌倉期以後に庶民を教化した浄土真宗の強い影響などもあり、オ蔭サマも恩返シも恩知ラズも、謝恩会や謝恩セールも、皆アリガタイと地続きの文句です。

自力を主張・誇示しないことは武士の世界のモラルにもありました。戦場でも相手へのいたわりが美徳とされ、敗者の心ヲ汲ンデ、惻隠ノ情を示せるのがユカシイ勝者でした。そこには禅的な自制もありました。

日本の大相撲の伝統が生きていれば、勝った力士が土俵上でガッツポーズを見せることなどはないはずだ。敗者を思わぬハシタナサがとがめられるのです。隠岐の島の青年相撲では、勝負がついた後にもう一度取り組み、勝者が今度は敗者にまわるセレモニーが必ずあります。いたわりの極致です。格闘技といえども闘争本能が沈潜し、昇華していなければならない。「対者同士の伝統的な儀礼は、闘技をして純粋な社交の一形式に化せしめ」ていると、日本の武技一般の洗練と気品を理解し、賞揚したのは、戦前、日本文化の研究者であり礼讃者だったドイツの建築家ブルーノ・タウトでした（『日本文化私観』）。

モンゴル出身の横綱朝青龍が闘志を粗暴な振る舞いにむき出しにしたとして物議をかもしたことがあったのは、まだ大相撲の凹型文化になじまず、騎馬民族の凸型の民族性を露出させたためだったでしょう。

清少納言のように自慢を筆にし才を鼻ニカケル人物が嫌われ、謙譲と自己抑制を美風としてきた日本社会では、知恵ノアル人と言うと、事物の知的認識（前章）にかけて能力の高い人とは必ずしも一致しない。特に西欧流の科学的思考に長けた人とはかなり隔たっています。日本の知恵ノアル人は、ほとんど人生知（世渡りの知恵）のある人、控エルことを知った遠慮の人です。世間知ラズの対極にいる、思慮分別ゆたかなワケ知リが重んじられたところにも、はしゃぐことを排する自制の精神風土が思われます。

ただし、近来、マスメディア、特に電波メディアの発達により、はしゃいで見せる人間（ハネアガリ・目立チタガリ）に人気が集まる傾向が強まり、はしゃぐタレントや政治家がもてはやされる空気が醸成されました（その中には結末は挫折や失脚というケースがあり、重心ノ低イ人間が結局は勝利者なのだと感じさせることも少くありません）。もう一つは高学歴・高学力信仰が強まった結果、次のような高学歴の出来損ないがはびこりかけている。昭和五十年代の半ば、東大のトイレの落書きにいわく、「おれは大蔵省に入った。羨《うらや》ましいだろう。お前たちにはこういう真似は出来ないだろう」と。一時の興奮にしても何とも荒涼索漠たる青春、貧困な人生。高学歴・高学力信仰の生んだ人格未熟者を〝エリート〟などと呼んでいたら社会をひずませるだけだ。だから「高慢は出世の行きどまり」と教えたではないか、修養（次の項）を積まなければ人間が出来ない、という伝統日本人の声が響いてきます。

修養という文化

人生知を深めれば徳のある境地に近づきます。有徳の対極には不徳があり、自身の「不徳のいたす所で…」と陳謝する風景は連日テレビにうつります。有徳のユカシイ境地に近づくための修養も長く重んじられてきました。吉川英治の作った修養一途の宮本武蔵の像も新解釈で変えられる現代ですが、修養や克己の語になじみのうすい世代にも、自分ヲ見ツメルという表現は依然多用され、自己ヲ深メルことも悪いこととは受け取られないようです。弓道・茶道・華道・書道…と、精神修養と一体化させた名づけにも抵抗は起きず、近頃は球道も言われます。

大多数の日本人を信徒にした仏教の「根本は教理ではなくて、自己と他者の完成のための実践なのである」（渡辺照宏『日本の仏教』）という本質も、修養の風土の広まりに作用したかもしれません。最高の随筆文学「徒然草」が莫大な部数で流布し読み継がれたのは「教訓書」の本質によるのだとも説かれます（小西甚一『中世の文藝』）。お寺の説教（説法）は庶民の教化と慰安の場を兼ね、江戸末期、石田梅岩・柴田鳩翁の「心学道話」は多数の信者を獲得した。それも、励みや心の救いが娯楽とまでオーヴァーラップするカタルシスの境地が求められたからでしょう（説法には「節談《ふしだん》説教」という芸まで発達しました。娯楽とのタイアップ、一体化です）。一日一句、「日めくり」の教えも、励み・救い・癒しの効能を持っていました。

明治から大正、昭和初期は、名士による教化・善導の訓話・講話で修養を積もうとする人口が多く（芳賀綏『言論と日本人』）、その人口に着目し、名士の訓話を活字化して広めたのが「渾然一体・誠実勤勉・縦横考慮」を社是とする野間清治の大日本雄弁会講談社（現在の講談社）でした。訓話を本にして広めるのと並んで勤労青年たちにも意見の発表を競わせ（すなわち「雄弁会」）、自己修養の所信や成果のアピールにもつとめました。実業之日本社も、東大教授新渡戸稲造に社会人の修養に資する講話の筆をふるわせました。これらの社による〝修養文化〟普及は、その営業の成功にもよる所が大きく、講談社が刊行物を売るためのキャッチフレーズは「面白クテ為ニナル」と言い、大受けしたものでした。

清ク正シクがまた日本人好みの語句ですが、「清く正しく美しく」はあの宝塚歌劇をアピールするのに大成功したキャッチフレーズです。

慰労・発散のために酒を飲んで破目をはずす集まりまで反省会と称して別段反省もしないで

いますが、命名の根はやはり修養好みにありそうです。連れ立って観光するだけでも研修旅行と銘打つことがあるのはただ遊ンデは気がとがめるためらしく、何かにつけ「いや、大変勉強になりました。有難うございました」という謝辞が多いのも、自己修養を全面肯定する文化が、いかに広く分有されているかの証明でしょう。

◎「自己を深める」文化と教養主義

昭和十年代の日本では〝戦意昂揚映画〟に属する作品が数多く作られヒットしました（「五人の斥候兵」「土と兵隊」「西住戦車長伝」「将軍と参謀と兵」「ハワイマレー沖海戦」…など）が、映画評論家佐藤忠男氏は、一連の戦意昂揚映画の一つの特色は「誠実主義、人情至上主義とでも呼ぶべき傾向が強かったことである」と指摘しました。「戦争目的の善とか悪とかいう問題にすらほとんど触れないで、ただひたすら、ひとつの行為のくり返しのなかに精神を没入させていって、そこに、自分のエゴを捨て、戦友愛にめざめる道を発見すること。それが戦争中の日本の戦意昂揚映画の代表的なパターンである」（佐藤忠男『日本映画思想史』、傍点引用者）――ベネディクトもすでによく似た見方を『菊と刀』に書いていましたが、戦場も自己を「修める」場であり、よい軍人であるためには「自己陶冶」「人格形成」によって理想の人間像を作るべしと多くの映画が教えました。

『菊と刀』で知ったのですが、イギリスの仏教研究の権威、サー・チャールズ・エリオットが、こんな話を紹介しているそうです。――戦前、飛行機乗りを志望した日本の女学生が、有名な宣教師を訪ねてクリスチャンになりたいと告げた。そのわけは、飛行機乗りになるには、落ちついた、事ニ当タッテ取リ乱サヌ心を持たねばならぬ、最もすぐれた宗教であるキリスト教によってその心が養われると考えた、というのです。そう言えば、神色自若、取リ乱サヌ日本人の代表的存在だった不世出の大横綱双葉山も、無我の境地を求めて滝に打たれ、宗教にも帰依しようとした。信仰が己れを修め、自己を深める道に直結するという思考法は日本人に根強いもので、立派な人間になりたくて入信した、という事例は方々で聞くことです。

　近頃「教養ってなぜ必要なんですか？」と問う若い学者がいるとは、文化の部分変動の露頭を思わせる事実ですが、近代の日本で教養は無条件にプラスのシンボルでした。ただし講談社文化の〝修養主義〟普及に並行した〝教養主義〟の中には、西洋の学問・思想や芸術に精通する〝知識面の欧化（近代化）〟しか意味しないものがあり、それはインテリ（高学歴者）の自己満足をもたらすだけで伝統の庶民感覚には共感を呼ばず、「上の学校行ってないから教養なくってさ」という自己卑下を生みました。

　しかし「才能より品性」「内面を掘り下げよ」と教え、海外には武士道を説いた新渡戸稲造や、その多くの門下生の一人、河合栄治郎の人格主義的な教養思想は違っていました。「自己が自己を陶冶するのが教養」（河合『学生に与ふ』）という定義などは、根底に伝統の修養主義に通じ儒教思想に通じるものを感じさせます。そして「社会的実践」を重んじたかれらの教養思想は世ノタメ人ノタメの伝統感覚に適合するはずのもので、知識と人格の乖離する現代にこそ復権する価値を持っています。

◎心情主義――ガンバル

「美しい語句」をたずねるアンケートの回答には、努力・忍耐・真心・誠・誠実・マジメ・ケナゲ……などが上位に並びます。何よりも心情の美しさが感じられるのでしょう。

美しい語句に入るかどうかは知りませんが、何かにつけて日本人は「頑張ります」「頑張れよ」と言います。挨拶代りの代表格です。この語は太平洋を渡り、イチロー選手を声援するアメリカ人観客が「ガンバレ」と大書してスタンドに掲げるまでになりました。日本人の代表的愛用語が海の彼方に知られたのです。

一九三六年のベルリン五輪では、女子水泳二百メートル平泳ぎ決勝の実況放送を祖国へ送った河西三省アナウンサーは前畑秀子選手を声援して「ガンバレ」を三十六回くり返しました。戦後の労働組合や政党が気勢をあげる時も「ガンバロー！」と拳をつきあげる習いですが、広く深く根を張ったガンバルは、アジア近隣や欧米の諸言語には該当するもののない、日本語特有のものであると、歴史人類学者天沼香教授の調査でも明らかにされました（天沼香『「頑張り」の構造』）。日本語学習中の外国人学生の間には「好きな日本語はガンバリマスです」という声もあります。

日本民族のコア・パーソナリティーは稲作農耕文化の形成と共に出来あがったものという石田英一郎説には既に言及しましたが、「頑張り」を「日本人の行動原理」とする天沼教授は、「頑張り」をコア・パーソナリティーの一部と見ます。いわく、水田稲作農耕ほど極端な農繁期と農閑期の存在する農業はなく、心身共に農繁期に集中して頑張らなければならなかった、そこで「このように短期に全力を傾けて緊張して労働に従事する原始古代からの日本人の習慣が、『頑張り』の精神という日本民族のコア・パーソナリティー形成の源泉の一つをなしているのではないか……」（天沼、前出書）。——頑張りという単語は勿論太古にはなかったが、当時に源を持つ勤労の姿勢、働キ蜂の精神と行動は日本の歴史を貫流して作動し、わけても近代化の進行とは相互助長の関係にあった、とも同書は解しています。アメリカの観覧席の「イチロー、ガンバレ」が太古以来の〝永遠の日本人〟の精神だとすれば興味はつきない事実です。

ひたすら頑張る姿勢は弛緩なく張りつめた姿勢です。真剣で本気です。心の余裕はとぼしくついムキになります。近代化も、高度成長も、高学歴化も、何事につけてもムキになりました。一億国民こぞって頭が熱くなり、本気と狂気の境目がなくなる、とかつて邱永漢氏は評したものです。〝天孫民族〟日本人はテンション（緊張）民族だ、という社会科学者の評は、残念だが痛いところをついたものでした。

遠く万葉の昔の「ただひたぶるに進んで顧みる所のない『荒男』の歩調」（岡崎義恵「男性美と女性美」―『著作集4』）に連なるものか、顧みるところを忘れて頑張るには「死ニモノ狂イデやれ！」「死ンダ気ニナッテやります」とよく言います。ベネディクトが少し別の角度から「死んだつもりになって」という一句に着目したのはさておき、緊張民族はレクリエーションや社交のためのゴルフでさえついマナジリヲ決シ、歯ヲ食イシバッテ死ニモノ狂イになるのか、

……日本人のゴルフをしているのを見ると、何かしらせかせかして、穴から穴に行くのに、急用でもあるように、大急ぎで歩いたりしています。それから球を打つのにも、まるで真剣、真剣はいいけれども、まるで何かその、やり損《そこな》うと大変なことになるような顔つきをしたりして、あれじゃ、生活からの解放じゃなくて、日ごろの生活以上のふん張《ば》り方《かた》で、何が面白くてあんなことをしているかと思われるようです。

（長谷川如是閑『私の常識哲学』）

そんなにムキになっては肩ガ張ル・肩ガ凝ル道理で、「肩ノ力ヲ抜イテ行けよ」とコーチが耳打ちしたり、選手が「自然体ですよ」「平常心で行くだけです」と半ば自分に言い聞かせたりするのも、緊張ほぐしの必要なことを物語ります。リラックス（relax）にぴったりの日本語は早くから存在せず、緊張の反対はタルムや弛緩だと言ったのではシマリがありません。

努力は人生訓に必須の語で、背番号16の打撃の神様、球界の首領《ドン》川上哲治氏も常に「人生努力論」を説いたものです。一時は根性の語も各界に流行し、鈴木啓示投手は「草魂」と色紙に書きました。その文化の中へ乗り込んで、練習第一の野球ではなく、持ち駒（プレーヤー）の生かし方で優勝を計画することこそ肝腎、と表明したバレンタイン監督は、球団首脳と対立し一旦は一年で帰国しなければなりませんでした。

ケナゲとは、結果を計算せず自己の力をも測らずヒタムキにぶつかる心情を高く買う語です。結果を計算しない行き方からは、目標を実現（初志を貫徹）するのが最高という価値観は生まれません。トロイの遺蹟を発掘したH・シュリーマンが、財力も精力も傾けつくして目的を達成した執念深サ・シツコサや周到な計画性などは、日本人には気の遠くなりそうな、別世界の話です。リラックスの観念はなかった代り、アキラメ（思イ切リ）ノヨイ・イサギヨイ淡泊さが日本人の持ち前です。『頑張り』と『粘り』は似て非なるもの」（天沼、前掲書）、つまり頑張りの裏側にはモロイものが潜んでいます。日本人の活発な感情は「反抗においてあきらめに沈み、突発的な昂揚の裏に俄然たるあきらめの静かさを蔵する」（和辻哲郎『風土』）とされるのです。六〇年安保や学園紛争の前後を連想させる評です。日本のインテリたちが挫折シタなどと言ってみたがるのも、そんなもろさの告白でしょうか？

ユーモア不足

ひたすら頑張る日本には、反面、室町時代のお伽草子にある「物臭太郎《ものぐさたろう》」のような無精者がいて、掬すべき愛嬌や才能や気骨のあるこの男は人から爪ハジキされ厄介視されながらしまいには神様に祭りあげられる。この話を「純然たる日本人式の着想」として珍重する谷崎潤一郎（『懶惰《らんだ》の説』）は、「年中あくせく働く者を冷笑し、時には俗物扱いする」のも日本人の人生観の一部だと説きました。谷崎は、欧米人並みの体力・活力を持たない日本人がエネルギッシュに動き続けるのは生理的に無理だ、ガラに合わない無理をするより、たまには「ものうい生活」の美徳、奥ゆかしさを想起しても害にはなるまい、と〝ゆとりのある日本人〟をすすめましたが、この論には学ぶべきものが多く、また読んで心が安らぎます。

「ひたぶる心」一筋の日本にも古代のうちから「みやび心」の余裕も生まれましたが、それでも緊張民族は依然ユーモアが苦手です。

……英国の新聞記者が他の国の記者から冷かされた。君の国の兵隊は一人で日本兵十人に相当するといふ話だつたが、どうしてシンガポールを取られたんだ。それに答へて英国記者は眉一つ動かさず、いや不幸にして日本兵が十一人来たもんだからねと言つた。

（福原麟太郎『英国的思考』）

こんな芸当に縁の遠い日本で、ワンマン宰相吉田茂は例外的なジョークの名手として有名でした。――「お元気なのは何かお食事に秘訣でも？」「ええ、人を食ってますんでね」。イギリスから王女の一人が訪日されたとき、王女は富士山を見るのを楽しみにしておられたのに、滞在中一度も雲のはれる日がなかった。日本側関係者が気ヲモム中でワンマンはお慰めして言った、「富士山は女性でして、美しい女性がお見えになると顔をかくしてしまうのです」。

●無私の精神

中村菊男教授の『政治文化論』によれば、日本人の政治行動の動因として強力なファクターの一つは無私の概念だとされます。それは古代日本人の「清く明き」透明・純粋な心に連なるもので、私心ナクは賞讃されることの多い態度です。

行為の動機（心情的動機）を重視し（気ハ心、ヤムニヤマレズ…など）、また物事の過程における努力（コツコツ・働キ・善戦・健闘・敢闘・イソシム…など）を尊重する行き方も際立っていますが、それに傾くあまり、論理的根拠、手段の選び方や得られた結果は深く問わない傾向が半面あるのは、既述の通りです。

イソシムなどは日本人を知るには見のがせないキーワードです。

和英辞典を引くと、「いそしむ」はイコール「励む」でendeavorと書いてあるが、筆者に言わせると「励む」と「いそしむ」は違う。「励む」はガムシャラに働くことであるが、「いそしむ」は、働きながら、働くことに喜びを見出しているニュアンスがある。

（金田一春彦『日本語』新版・上）

働くこと自体が嬉しいことで、タシナムは、努力の成果を示す機会などは問わず、成果を内に蓄えること自体に価値を見出している行為です。ここにも内を掘り下げる志向があります。

北海道のローカル線に「幸福」という駅があった頃、高度成長のもとで育った若い男女の旅客が競ってその駅に下車したのは、戦後の空気の中で幸福が完全にプラスのシンボルに転化したことの象徴でした。昔気質《かたぎ》の日本人なら、成瀬巳喜男監督の秀作「稲妻」で浦辺粂子が演じた明治生まれの母親のように、「やだよ、幸福だなんて、そんなハイカラなもの…」と尻込みしたものです。著者が驚いたのは、ベネディクトが、溝口健二監督の代表作「残菊物語」（昭和十四年）をちゃんと知っていて、「夫の職業的生命を救い、夫を励ましてその役者（註・尾上菊之助）としてのすぐれた天分を磨かせるために一身を捧げた妻が、夫がいよいよ成功するというまぎわに、夫の新しい生活のさまたげにならないように大都会の中に身を隠し、夫の大成功の当日に、貧窮の中に一言の不平を洩らさずに死んでゆく筋がある」と、明治の〝忍ぶ女〟お徳を的確に紹介した『菊と刀』の一節です。思わずあのラストシーンの感動がよみがえりましたが、「ハッピー・エンドにする必要はない」というベネディクトの結論は、苦労や難儀を決して否定的にとらえず、むしろ幸福・シアワセを後めたくさえ感じた伝統的日本人の心情を正解した言でした。

物事の価値が、得られた結果よりも、心情的な動機や途中で費やされた労力（骨折リの大きさ）で測られてきた日本社会では、苦節〇〇年こそ賞讃の対象で、辛抱強ク・堪エル人物は、竹下登首相でも横綱隆の里でも人気ドラマのヒロインに擬され「おしん」と呼ばれました。その文化の中にあって、厳正な映画評論家双葉十三郎氏のように、芸術作品は出来・不出来だけで評価し、傾けられた努力は評価に加算しない、などと言明すれば非情の言と響きそうです。高校野球では武運（球運）ツタナク甲子園を去る球児に惜しみない賞讃が送られ全国の胸を熱くする習いです。古くからの判官ビイキの感情にもこれと共通する要素があります。

計算高イ・チャッカリシテイル・（金銭に）ハッキリシテイルなどがマイナスのシンボルである社会では身ギレイは当然重視されます。幕末に来日したシュリーマンが「日本人が世界でいちばん清潔な国民であることは異論の余地がない」（『シュリーマン旅行記 清国・日本』石井和子訳）と断言した、その潔癖感は恥の観念の基底でもありますが、ともすると恣意的な主観主義に陥りやすい。個人や集団の政治的立場を判定するのに良心的ナ（人・勢力）という文句を手軽に使いがちなのも、心情と政治の見境いが画然としないことの証明です。気をつけてみると、しばしば自分の味方やヒイキを「良心的」と言っています。

◎心情主義の無方向性

　心情本位の動きはとかく無方向に流れやすい。前述の日本の戦意昂揚映画が戦争目的の善か悪かさえ問わなかったのも、ひたすら誠をつくす姿勢が感動を呼ぶことの一例証です。アノ時ハトニカク一生懸命ダッタ、ヤムニヤマレヌ気持デヤッタンダカラ……米英撃滅を叫んだ戦争も、泥沼の労働争議も六〇年安保も、学園紛争も、バブル経済狂奔も、過ぎた後ではまるきりワンパターンの感慨で回顧されますが、このような心情第一主義はつまりは無方向（全方位？）です。「君死に給ふことなかれ」で歴史教科書にまで〝反戦歌人〟と記されている与謝野晶子も、一方では、日米が開戦するや「日の本の大宰相も病むわれも熱き涙す大き詔《みこと》に」と歌い、出征する四男を「水軍の中尉となりて征け四郎」と激励しました。

　倫理思想史学者相良亨教授の『誠実と日本人』の叙述には、右の心情主義批判の裏付けとなる知見を読むことができます。

　いわく、大陸に生まれた「敬」中心や「致良知」の儒学と違って「誠」中心の儒学が形成されたのが日本の儒教の特色であると、竹内義雄『易と中庸との研究』にあるが、そう見ると、日本古代の「清明心」、中世の「正直《せいちょく》」の強調と、近世の「誠」の重視は、基本は共通で、客観的普遍的な倫理意識の未成熟と心情倫理重視の傾向を端的に示すものだ。「誠心誠意をもって、さて如何に振舞うべきかという時にその規準はどこから出てくるのであろうか。主観が認める限り、いかなる行為といえども許されることになるのであろうか」。――このように見る相良教授は、日本人の誠実は「煎じつめれば、『自己自身に対する誠実』である」と断じ、「自分の心情の世界に生きる」日本人の限界を説くのです。

古代日本人の美的特徴のみならず倫理性の表現だった記紀万葉の「まこと」「ひたぶるごころ」（岡崎義恵「万葉集の美と思潮」―『著作集4』）も、右の限界をすでに内包するものだったと見てよいのでしょう。

明治末年、二十八歳の青年言論人石橋湛山《たんざん》（後の首相）が、日本外交は外国への気兼気苦労に終始しているのに、自称して「われに誠意あり」とくり返すのはただの自己薄弱にすぎぬ（評論「哲学的日本を建設すべし」）と痛撃したのは、誠心誠意をお題目にして自己暗示にかかる無方向性を衝いたもので、一歩を誤って独善から偽善に陥ることへの警告とも解されます。―日本人の伝統的倫理観の主軸は「心情の純粋性・真実性・美しさの尊重」であり、今日に生かし得るものも「この心情の追求」だとする相良教授が、同時に「誠心誠意に安住」するのをやめ、その克服さえ求むべしと考えるに至ったゆえんでもあるでしょうか。

第六章　ささやか・陰影・風流
――日本人の美意識

◎日常生活の美的表現

自らの文化をふだんは意識しないものですが、「日本人の日常生活の中で、美的表現など入り込む余地はないように思える領域にも、美的配慮が行き届いている事実」（ドナルド・キーン『日本人の美意識』金関寿夫訳）を指摘されると、なるほどと気がつきます。バスの運転手の頭上には本物または造花を入れた小さな花入れ、トイレットの壁の花籠からは優雅に垂れた花。そして「あの絶妙としか言いようのない、日本料理の視覚的効果」。――そう言えば長谷川如是閑は「日本人の生活の感覚は極めてデリケートで極めて些細な点にまで厳格に感覚の選択が行われている」ことの一例に夫婦《めおと》茶碗・めおと箸を挙げ（『私の常識哲学』）、また、源平以来、鎧や甲まで華麗・多彩で、西洋の不趣味でグロテスクな鎧や甲とは違い、「敵を防ぐよりか敵を同感せしめる、敵と一脈相通ずる感覚に訴えるというふうがある」「戦場でも敵味方がお互いに歌で以て応対する」ことなどをも賞揚していました（『日本的性格』）。

「美」に関して日本人の心の形は異文化に比してすぐれたものと考えてよさそうです。そこで、日本的美意識の特性・長所を、ここでは四点にしぼって眺めます。

①ささやかさの愛好（キメの細かさ）　②簡潔・暗示・余情・陰影　③不完全美　④風流・風雅

です。（第二部の第四章で日本人の言語思想について、また第五章で言語と文芸について論ずる際、日本的美意識に重ねて言及することがあります）。

●小規模・キメ細かさの美

果てしもないシベリアの原野やアメリカ西部の大平原のような風景は日本にはなく、地形は細かく微妙に変化します。東京都内の地名だけを例にとっても、四谷・赤坂・お茶の水・駿河台・青山・原宿・中野・荻窪・池袋・沼袋……と、変化に富んだ地形がうかがえます。日本人の生活空間は鎮守の森（社）を中心にまとまりましたが、地形に制約されて生活圏は狭く、

> 山に囲まれた小天地は、いずれも小さくまとまっている。このことから日本人は小さなまとまった形のものに愛着を感じる。俳句という世界一の短小な文芸作品を産出したのは、これと関係がある。
>
> （中略）国歌に出てくるサザレイシは、英語の pebble の同意語であるが、pebble には

サザレイシに見られる「美しい」という意味はあるまい。

（金田一春彦「日本文化と日本語」—『金田一春彦著作集』第一巻）

ウドの大木などを軽蔑する日本人は、大マカはともかく大ザッパや大味を買いません。小味や小ヂンマリ・小ザッパリは美的です。小規模なものの持つ小綺麗さや「軽快性」は「日本美術の著しい特徴の一つ」（鈴木大拙『禅と日本文化』）でもあります。

「むやみとロマンティックなものや、また昔のエジプト式、今のアメリカ式のような、ただ無意味に巨大なもの」は「日本には出来もしないが、しかし出来ない方がいい」（『日本的性格』）と断じた長谷川如是閑は、日本の婦人の衣服は誰にも見えないような細かい処に気を配って仕上げる、建築物の一本の柱でも何十年もの修業による鉋《かんな》の使い方で鏡のような面を作るのを高く評価する、このように「技術の現われた、感覚のデリカシーというものを日本人は味わおうとする。そういうことは西洋にはない」（同書）と誇りました。

桂離宮の改修工事に携わった宮大工の棟梁の丹念でキメ（肌理）ノ細カイ解体ぶりに感嘆して、これは解体などという大ザッパなものではない、〝組ミ解キ〟だ、と新語を発したチームメイトの尊敬の声が紹介された（NHK「プロジェクトX」）事例などは、ゾンザイを排し、器用な腕前の上に精魂傾ける日本の職人のデリカシーの誇るべき一面でした。同じく「プロジェクトX」が紹介した「修復師」の伝統の技術と集中力も驚倒すべきもので、敗戦後アメリカに持ち去られた厖大な美術品がかの地で損傷のままに放置されていたのを、海を渡った京都の修復師が数十メートルもある絵巻物を、たった一人で心血を注ぎ復元したなどは、粗大なアメリカ人には理解しがたいことだったでしょう。

　志賀直哉が〝小説の神様〟とされたのは大河小説「暗夜行路」によってではなく短篇小説の名手だったからです。〝相撲の神様〟大ノ里・幡瀬川も〝相撲博士〟旭国もキビキビと小気味ヨイ小兵力士で、日本人の小味・ササヤカ好みにマッチしました。茶屋の座敷は〝四畳半〟でこそイキの美学に適います。あるいはまた、大河小説が生まれにくいのと関連するのでしょう、歌舞伎の忠臣蔵や白浪五人男の全篇を上演するときは特別に〝通し狂言〟と称しますが、普通の日本人は名場面―サワリだけ抜き出して上演してもらえば十分満足で、全体の脈絡などは問いません（一一四ページ）。ササヤカな情景の味ワイを嚙ミシメル喜びがよいのです。

　なるほど源氏物語のような大河作品はあり、数十メートルに及ぶ〝絵巻物〟も見事でしたが、しかし他面、スナップ写真という好みがあります。サワリ愛好につながるものです。スナップ写真は「瞬間を詩的に描き出す、目でみる俳句」だと定義した社会学者リースマン夫妻は、キリスト教では永遠が大事なので「瞬間というのはそれほど重大な意味をもたない。しかし、日本では瞬間というものがもつ意味は大きい」（『日本日記』加藤秀俊・鶴見良行訳）と、スナップ愛好の理由を解説してくれました。日本的〝点描性〟（和辻哲郎）の一端です。

◎暗示・余情・陰影

「暗示力は日本芸術の秘訣である」（鈴木大拙『禅と日本文化』）――日本芸術の真髄を墨絵や俳句に見た大拙翁が、極少の表現こそ最大限の意味を蔵しうると考えたのは、禅の立場から当然のことです。

評論家竹山道雄氏は、暗示的表現の例は、「すでに日本の昔からの『社《やしろ》』にあります。これは禅がくるずっと前からあります。（中略）極度に簡素で、向うから何を示すということもない。…世界にほかになかろうと思う」（日本文化フォーラム編『日本的なるもの』）と、キーン教授（『日本人の美意識』）と同じような見解を、もっと早くから語っていました。平安中期の歌人・歌学者藤原公任が文辞の外に含んだ意をほのめかす和歌の力を説いたのを引用したキーン教授は、「暗示というものに依存するのは、もちろん日本文学だけの現象ではないが、ヨーロッパ共通の文学的表現形式にあまり見られないのは確かである」（同書）と、日本的美意識のユニークさを保証しました。

和歌・俳句のような短詩形は「決して矮小、卑小という意味の小さいものではなくて、できるだけ無駄なものを捨ててしまって、一番本質的なものだけ残してそこに集中する。（中略）絶対的なものを暗示するのです。わびとかさびとかいう気持は、絶対的な境地を暗示するためにやっているので、俳句などは、たった一つのものを残して、そのものを描くのではなくて、それ以外のもっと広いものを引きだす…」（竹山道雄、前出書、傍点・傍線引用者）。〝言外の言〟〝不立文字〟は論理表現や実用的コミュニケーションにはマイナスにもなったが、一転して美的見地からすれば高度の境地であることは疑いありません。

「この読本は終始一貫、含蓄の一事を説く」と標榜した谷崎潤一郎（『文章読本』）は、「十のものを七つしか言わない風雅の精神」を主張し、ことばを惜しみ、抑制するところに生ずる言外の意味、〝含蓄〟の価値を強調しました。ストーリーとしては多くの長篇をも物したこの文豪は、意識内容の文章化にかけては言外の余情・余韻を重んじ、陰影への愛着を繰り返し述べています。

超俗の一典型だった「良寛の世界などは、全くその生が余情に生きるというような境地」（岡崎義恵「世界観の情調性」―『著作集2』）だったとまで見られていますが、文芸の世界になると、俳人でもあった作家久保田万太郎は、戯曲のセリフに「……」の多いことで知られた。会話を言いさして余情・余韻を持たせるのです。その俳味を生かせる俳優を望んだ久保田は宮口精二を最も好んでいたと言いますが、こうして言語表現にも味わいを生む陰影は、元来は視覚的なものです。「白日の下に曝せば宝石の魅力を失う如く、陰翳《えい》の作用を離れて美はない」と断言し、「美は物体にあるのではなく、物体と物体との作り出す陰翳のあや、明暗にあると考え」、暗がりに沈潜して「美を求める傾向」を強調したのは谷崎の『陰翳礼讃』です。

例えば西洋の寺院のゴシック建築などは「屋根が高く〳〵尖って、その先が天に冲せんとしているところに美観が存するのだ」というが、日本では、寺院・宮殿・庶民の住宅、ことごとく最も目立つのは瓦や茅で葺いた「大きな屋根と、その庇の下にたゞよう濃い闇である」。また室内へは「庭からの反射が障子を透してほの明るく忍び込むようにする。われ〳〵の座敷の美の要素は、この間接の鈍い光線に外ならない」（傍点引用者）

漱石は『草枕』で、ゼリーなどがぶるぶるふるえるのに対して羊羹の色と落着きがいいとほめましたが、谷崎も共感して「あの色などはやはり瞑想的ではないか」「あの色あいの深さ、複雑さは、西洋の菓子には絶対に見られない」と讃美しました。漆器の美しさも「ぼんやりした薄明りの中」でこそ発揮される、「日本の料理は食うものではなくて見るものであると云われるが」「私は見るものである以上に瞑想するものであると云おう。そうしてそれは、闇にまたゝく蠟燭の灯と漆の器とが合奏する無言の音楽の作用なのである」と、文豪の筆は三昧の境に入っています。

桃山から元禄にわたって建築や芸能に華美な文化が燎乱と咲き盛り、地味な日本人にも派手な好みが並行しました。歌舞伎や後の浮世絵の技巧性も自己顕示性も日本人の美意識の著しい一面ですが、陰影好みの谷崎は、明るすぎる歌舞伎の舞台は日本的な生活空間としては〝虚偽の世界〃だと言います。現代では能の舞台でしか見られない「特殊な陰翳の世界」は、昔は実生活に近いものだったろうと見て、カゲリの伝統に憧憬を深めたのです。

「西洋人の云う『東洋の神秘』とは、かくの如き暗がりが持つ無気味な静けさを指すのであろう」が、一体に「われ〳〵東洋人は何でもない所に陰翳を生ぜしめて、美を創造するのである」。――これを要するに、明示的でなく暗示的な表現に深みがある、その深みなくして真の美はない、という谷崎美学は日本的美意識の一典型です。

九鬼周造の「いき」は、寺院や武家屋敷や能とは別の、町人的な「軽快性」の世界の美学ですが、ここでも暗示は重要です。ボードレールのダンディズムなどではカバーしきれぬと九鬼が見た、豊かな「民族的特彩」をもつ意識現象としてのイキ（粋）とは、まさしく「垢抜けして（諦）、張のある（意気地）、色っぽさ（媚態）」（『「いき」の構造』）であると定義するに至る精細透徹の考察において、例えば伏目（ふしめ）は異性に対して色気ある恥かしさを暗示し、薄化粧には化粧という媚態を暗示に止める「理想性の措定」がある、とします。カルメンがハバネラを歌いながらドン・ホセに媚びる態度は「coquettrie《コケットリー》」には相違ないが決して『いき』ではない」（同書）と言われれば、余白や暗示に心地よさを覚える日本人は忽ち理解し、首肯します。

花がアルのには日本人も惹かれますが、これでもかという欧米や唐土風の華美・華麗には息が詰まるとすれば、究極の美はイブシ銀の渋サに行きつくと解してよく、日本流の色気もその方向の線上に位置づけられるものでしょう。

◎不完全・不充足の美学

「花は盛《さか》りに月は隈《くま》なきをのみ見るものかは」（徒然草、第一三七段）という兼好法師の言は、多くの日本人が知っています。そして同感しています。「咲きぬべきほどの梢、散りしをれたる庭などこそ見所おほけれ」です。満ち足りる必要はない、それでは曲ガナイ、味ガナイ、余韻も風情もなくては自然も人生も味気ナク、殺風景です。

完璧に整備されているより欠けたところが欲しい、ちょっと隙が欲しい——その日本的性情を理解し、いち早く次の文章の示した思想に高い評価を与えたのはブルーノ・タウト（『日本文化私観』一九三六年）でした。

すべて何も皆、事の調《ととの》ほりたるは悪しき事なり。為《し》残したるをさてうち置きたるはおもしろく、生き延ぶるわざなり。内裏造らるゝにも、かならず作り果てぬ所をのこす事なりと、或る人申し侍りしなり。先賢のつくれる内外《ないげ》の文にも、章段の欠けたる事のみぞ侍る。

（徒然草、第八二段）

キーン教授（『日本人の美意識』）は右の段を「日本人がなぜいびつさを好むかという理由」

の説明であると解釈し、陶芸・書道・造園……等々にわたる〝不規則の美〟の具体例を紹介しました。あの竜安寺の石庭の「石の配置のすばらしい不規則性は、どんな敏感な観察者の分析能力をもってしても、説明が出来ない」、竜安寺の庭は「これも一個の哲学的――すなわち禅の――産物なのだ」と指摘しています。

たしかにあの石庭（虎の子渡し）は禅の観念に基づく造園と思われ、そして鈴木大拙（『禅と日本文化』）も、日本の芸術・文化の特性となる観念が禅の理解から発したものとして、真っ先に「非均衡性・非相称性《アシンメトリー》」を挙げています。

一方、長谷川如是閑（『日本的性格』）は、同じように「日本人の美的感覚は、ギリシャ的の典雅の一面をもつにかかわらず、日本人はギリシャ的の、理想的のシンメトリカルの美や、同じく理想的の完全美よりは、自然的の、不相称《ディスシンメトリー》に美を求め、自然的の不完全美《インコンプリートネス》に美を求める傾向がある」としつつも、

> ディスシンメトリーに美を求める心理は、禅の日本に渡来するより遥か昔の時代の出雲大社の建築に示されているほどで、決してサムライの時代に養われた心理ではない。また「不完全の美」も古代の文学たる『古事記』や『万葉集』にそれの道徳的の意味において、また形式的の意味において、見出されるところである。

と、本居宣長の論なども参照しつつ、その淵源の遠く深いことを説きました。禅を源流と見る岡倉天心の説をも否定したものです。

対馬海峡を越えた北には文化の差異が多くの点に現れますが、この「不完全美」についてもそうで、韓国では「完全」が愛好されるのだと呉善花女史も言っています。月は満月が最高だ、欠けた月は物足りない、と。韓国や中国の壮麗な大建築も西洋の寺院や王宮と同じ完全美を示します。

「世はさだめなきこそいみじけれ」(徒然草、第七段)と兼好は言いました。多くの日本人が共感します。「水の流れと身の行方《ゆくえ》」(近松「恋飛脚大和往来」)は実感です。

ところが、キーン教授は、「世界中の文学の共通テーマである人間存在の『さだめなさ』が、美を生みだすに必要な条件であることは、日本以外の文学では、滅多に認められたことがない。」(『日本人の美意識』、傍点引用者)と言うのです。日本人には意外です。

自然のウツロイに美を見る日本人は、人生を自然と重ね合わせて、アキラメの美学を味わい感傷にひたります。自然観・宇宙観が人生観と境界なく連続する心境では、風も雲も人間と道連れで、風マカセやハカナイ・ムナシイ・サスラウは渋滞した気分を流動へと解放します。衰退の色の兆す花柳界を描いた幸田文の小説は「流れる」でしたが、あの種の悲観的な内容などない著書にも『流れゆく日々』(石川達三)『移りゆくものの影』(林健太郎)と題するあたりが日本人好みです。

キレイサッパリと解放された境地に人々はイサギヨサを見、権力者にも横綱にも散リ際のよさを求めます。禅ではこの無執着を「孤絶」として尊重します。

泉鏡花『婦系図』のサワリ、湯島天神の場で、別れてくれと苦しい胸中を明かす早瀬主税に、お蔦は、別れろ切れろは芸妓の私に言うことば、「いまの私にはなぜ死ねとは言ってくださらないの」と、心外だと泣きくずれますが、二代目水谷八重子が演じると古い脚色のセリフを復活させ、「蔦には枯レロと言ってくださいましな」と言うのです。人生を植物の一生にたとえる運命観がここにはあります。

このような運命観について、伊藤整『文学入門』にいわく、「日本人の根本的な発想法」は、人間の生活は時がくれば滅びてゆくものと見る点にあり、これは年ごとに種をまき年ごとに滅びてゆく作物を見る農耕民族の生活と生命意識に基づくものだ、と。この伊藤説は、「人間を自然の一環と考え、その自然も植物的生命の循環を基準にしてとらえたものである」（益田勝美「古代人の心情」—『講座日本思想1・自然』）という説明と同様、稲作農耕が民族のコア・パーソナリティーを決定したとする石田英一郎説と符合しています。

この〝滅びの美学〟も、完全さをアクナク求めることなく、むしろ欠けていることの枯淡さを喜ぶ、不完全美の願望の一部を成すものと解します。映画の題名「名もなく貧しく美しく」

（松山善三脚本）なども不充足に美を見る伝統が顔をのぞかせたものでした。

◎風流・風雅の境地

夏目漱石は、英語に訳し難い日本語として風流を挙げました。日本的美意識の核心部分で、この二文字を見ただけで、富や名誉や権勢などの世俗から解放された心地よさを覚えます。

　利害を超越した「自然」の享楽は「風流」と呼ばれている。この風流の感情なきものは、日本では最も教養のないもののなかに入れられている。
（鈴木大拙『禅と日本文化』）

つまり「自然美を包蔵しない芸術美だけの生活は風流とは言えない。日本人が特に自然を愛する国民であるところに風流が勝義において特に日本的色彩を濃厚にもっている理由が見出される」（九鬼周造「風流に関する一考察」）。――「花に鳴く鶯、水にすむ蛙の声」とは別の空間の芸術美だけに耽溺しがちの西欧文化に「風流」の語や概念が欠けているわけがわかります。

同時に「人生美を追う風流」の概念をも認める九鬼周造は「色ふかき君がこころの花ちりて身にしむ風の流れとぞみし」という歌にその方向の風流を見出すと言います。「かように風流が一方に自然美を、他方に人生美を体験内容とする限り、旅と恋とが風流人の生活に本質的意義をもって浮き出てくることは当然の理である」（同論文）

日本語の旅がユニークな語感を持ち、西行や芭蕉、ひいては若山牧水の、〝旅の文芸〟がいつまでも人の憧れを誘うのは、心の奥底に風流の感覚が潜在するのと無縁でないはずだ。「焼け原の町のもなかを行く水の　せせらぎ澄みて秋近づけり」（釈迢空）などの歌境は、不思議な寂寥感がある（北原白秋）と評される趣のものですが、そこには旅人の抱く孤絶感（併せて人生の内観）の響きが聞こえます。「終りたる旅を見返るさびしさに誘はれてまた旅をしぞ思ふ」（牧水）――ここにも風流の心境の一極致があります。

「あかねさす紫野ゆき標野《しめ》ゆき野守は見ずや君が袖振る」（万葉、額田王）は命もえ立つ自然に包まれて恋を歌いあげる真情に風流のあり方の一つを見ることができ、「万《よろづ》にいみじくとも色好まざらん男はいとさうぐ〵しく玉の巵《さかづき》の当《そこ》なき心地ぞすべき」（徒然草、第三段）は、万般にすぐれながら風流人の本質を欠いた境地を批評しています。

風流が生む美的価値の諸様相を考察しつつ、九鬼周造は「風雅」を直ちに「風流」と考えて差支《さしつかえ》ないだろうと言いました（前出論文）。

風雅は一般に「生活の洗練」という意味であるが、これは生活水準の向上という現代的な意味ではない。それは生活と自然のきよらかな享楽であり、さびやわびに対する憧れである。（大拙、前出書）

こうして、風流と言い風雅と言われるものの究極の本質は、日本人の自然観と不可分です。

第二章でも見たように、自然に抱かれると日本人は詩人になります。

井伏鱒二「集金旅行」は、風土と人生模様が二重写しに濃縮された旅の文芸ですが、次の、岩国の宿の寸景も人間だけの世界ではありません。

そのとき女中がやって来て、お風呂がわいたと知らせたので、私は湯殿に出かけて行った。湯殿には窓から手のとどきそうなところに桜の花が咲いていて、風の吹きようによっては花びらが湯槽《ゆぶね》の中にも舞い落ちた。湯槽のふちに腰をかけて私の裸体に花びらが散りかかるのを待っていると、先刻の女中が大盥《おおだらい》を桜の木の下に持ち出して花吹雪《はなふぶき》を浴びながら洗濯にとりかかった。

風情のある、大好きな一節ですが、評論家山本健吉氏は、ここにはまさに「俳諧的イメージ」があると評しました（新潮文庫版解説）。日本人が「自然そのものである」境地が絵のように浮かぶ、味わい掬すべき描写です。

第七章　結びと補説
――文化・言語・伝統

以上、第一部では、日本民族の意識傾向を自然観から美意識にわたる諸側面について観察してきました。

◎文化の重層的形成と〝永遠の日本人〟

観察される文化は、従って民族の性格は、「常にそのあらゆる過去の動作と感覚の結晶と考えて差支えない」（テーヌ『英文学史』）――〝日本人らしさ〟もまさに過ぎ来し方の行動様式と意識の結晶にほかなりません。

さて、その「過去」が単純ではありません。多様なルーツに発した集団と文化が重合しつつ次第に一体化してきた日本民族の原初の頃も過去なら、それ以後に辿った歴史的経過もすべて過去です。歴史の営み、その作られ方は重層的です。――大別して、原初以来の原型的なもの、いわば民族の「第一次的性格」と、その上に時代を逐って累加された層としての「第二次的性格」とを呼び分けることにします。

石田英一郎教授が多くの機会にくり返し強調された日本民族の「コア・パーソナリティー」こそ、この第一次的性格と見るべきもので、これが日本人の歴史を貫く文化の中枢です。それは、テーヌが第一次的と考えたらしい人種的・遺伝的要素の重視とは異なり、縄文時代の末から、遅くとも弥生時代にはもう営まれていた稲作農耕という生業に伴ない形成された民族的性格の基層を想定したものです。この本で言う〈凹型文化〉は、このコア・パーソナリティーにすでに原型を有するものと解します。

その上に、豊富・多彩な文化的経験が重ねられ、日本列島の地理的孤立性、族内婚に大きく偏った歴史、ほとんど他民族の侵攻を受けず単一の国家の中の生活を維持できた無風性などが条件となって、きわめて内向的に文化の蓄積が営まれてきました。

ここで言う第二次的性格の形成については、哲学者高坂正顕教授が、①日本人が芸術的な側面から形成された時代（奈良・平安）、②日本人の宗教的・道徳的心情の基底の出来た時代（平安末期から戦国以降に至る）、③日本人が政治的統一と共に政治の面から型をはめられる時代（徳川から明治にかけて）の三区分を立て、

いわゆる日本的なもの、ないしは日本人は、このような歴史的展開のうちに形成されてきたものであり、それぞれの時代にそれぞれ異なる性格が形成されてきたところに、一見矛

盾ともみえる複雑な日本人の性格の由来が存するのである。

（日本文化フォーラム編『日本的なるもの』序）

（貴族・武士・庶民という）文化荷担者の間につくり出されてきた人間関係の重層的な構造の上に、いわゆる日本人が成立してくるのである。

（同）

と説いています。文化史学者、石田一良教授の大冊『日本文化史』などは数段精細をきわめた叙述・考察によって日本文化の複雑な展開の様相を解明したものですが、それらの複雑さをも包括して〈凹型文化〉がその程度を増したと本書では見ます。

このような積み重ねによって「結晶」し〈凹型文化〉に層一層の豊富さを加えた〝日本人らしさ〟を、第一部では、自然観から美意識にわたる五つの側面に、いわばタテ割りにして描写しました。そして、その描写の根底には、歴史的重層性を貫く民族のコア・パーソナリティーがあるとし、歴史の経過による曲折や増減にもかかわらず、主軸に〝永遠の日本人〟の存在を想定する考えがありました。多様な時代や地域の差を超えた一貫性・共通性を重く見、「日本人は日本人」という大局的仮定に立ったのです。

〝永遠の日本人〟の首唱者、石田英一郎教授説を復習すれば、「……日本民族としてその存在を識別しうる民族の存在した時代が、西暦紀元のはじめをはさむ弥生時代である……」（『日本文化論』）「日本人の民族性とか、あるいは日本文化の基本的な特性、日本文化のパターンズというものも、その源をさかのぼればおそらくこの弥生時代に求めうるのではないか……」（同）

それが日本人の「三つ子の魂」とも呼ぶべき第一次的性格の成立の時期で、本居宣長が「やまとごころ」と呼んで『古事記』の世界の中に求めた民族固有の性格もそれだ、として、いわく、「今日の学術用語でいえば、弥生時代以来の稲作農民の社会の伝統が『古事記』の世界のなかにもさまざまの形でのこっていると私は考えるわけです」（同）。

テーヌが、消え失せることがないとした「祖先の面影」を、教授はその太古の世界に見ています。（その「太古」は弥生から縄文後期にまで及ぶこともあり得ます。）

一方、「道具」の時代から「機械」の時代へという物的な社会変化を重視し、「稲作農民の社会の伝統」も永遠ではあり得ない、と、固有の性格の「連続性・固執性」を疑問視する説も前記の石田一良教授によって提出されています（同教授『日本文化史』など）。素朴な発展段階史観の単純な公式的見方とはまた別に、厳密な意味での「永遠」を疑うことに無理はなく、将来、民族の「三つ子の魂」で持続してきた凹型文化にも変容が生ずる含みは当然残してよいことです。しかしまた、文化のすべてを風土という一つの基底に還元しては説明できないにしても、「風土」観に立つ和辻哲郎・寺田寅彦らの見地は、究極は民族性の連続・固執を支持するものであり、更に他面、大野裕教授（九五ページ）のようにＤＮＡから「三つ子の魂」を証明する説（期せずしてテーヌの生理的遺伝説を強める）が有力になれば、〝永遠の日本人〟説はその面から強化されることもあり得ます。知識の展開の可能性に感興のつきないところです。

◎言語の二面性――実在反映性と自律性

ところで、第一部では、日本人の意識構造《メンタリティー》をとらえる手がかりとして、文化の索引になる指標語句を利用しました。〈言語は、（言語外の）文化を反映している〉という観点から、日本語を見れば日本人像がつかめるという前提で話を進めてきたのです。――しかし、単純にそれだけでは割り切れない点がある、ということに注意しなければなりません。

大事なのは、言語という記号の体系の、すべての部分が文化の索引になるわけではない、という点です。それは、言語の持っている二面的性格に基づくものです。

二面性の第一は、言語の〈実在反映性〉（現実直結性）とでも呼ぶべき性格です。

第一部では、日本語の単語や慣用句（時にはことわざ）の中から、数多くの例を拾い出して文化の特性をとらえる〈指標語句〉にしましたが、あのように、単語や慣用句には、言語以外（以前）の実在界（と、それを把握する人間の意識）がうつし出されています。実在と意識を直ちに写した鏡です。

例えば、寺田寅彦の言のように「春雨」も「秋風」も西洋にはないとすると、これらの命名そのものが、自然現象とそのとらえ方（意識）の日本的特性を示しているわけです。また、かれが言う通り、日本の特殊な地理的位置に附帯して台風という現象があるからこそ「野分」や「二百十日」の語が存在理由を持ちます。勿体ない・なつかしい・生意気・慕う・あこがれる・頑張る・水に流す・世間並み・バツが悪い……等々は皆、日本人の日常の生活意識と分かち難く結びついています。――これすなわち言語の現実直結性で、最もよくその本性を具現する部分は、現実を分割（一八四ページ以下）した単位記号である単語です。慣用句・ことわざに至っては、生活の一コマ一コマから発想されて生まれた民衆の文化財そのものですから、現実とは直結以上に密着しています。

ところが、言語には、もう一つ、第二の性格があります。言語というメカニズムにそなわる〈自律性〉と言うべき性格です。すでに一五、三三ページに「自己完結性」「排他性」と言っておいたのはそのことです。

言語は何よりも先ず生理的器官から発せられるオト――音声（一三ページ）です。言語ごとに限られた数の単位音（母音・子音）があり、それを組み合わせる法則が作動しています。音のシステムを作り保持するための機械的な法則が必要なのです。そのシステムは生活の現実から隔絶された意識の深層にある一個の閉鎖的世界で、文化が入り込んで左右する余地はありません。例えば現代日本語には基本的には五つの母音があり、奈良時代には八つの母音があった、という事実を、各時代人の意識構造の傾向と結びつけて説明することは不可能です。意識構造の指標語句は見出せても、〝指標音〟の発見は無理と考えます。

また、個別言語の文法上の性格には、民族の意識構造の反映と見られるものもあります（第二部第二章のBでふれます）が、そのような解釈を阻む部分もあります。

文法装置の重要な部分である語順（word order）をとってみましょう。――言語学者フォスラー（K. Vossler）はフランス語の語順について、こんな評価を与えました。フランス語が〈主語＋述語＋目的語〉という語順を持っているのは言語の天性並びにフランス人が秩序と論理を愛することに基づく、と。しかしピエール・ギロー（P. Guiraud）は反論して、自身の使い慣れた言語（の文法）を判定の基準にして他の言語が論理的か否かを評価してはならないと評しました。これはギローの批判の通りで、語順による言語の類型を、主・述・目的語の順であるＳＶＯ型（英語、フランス語その他）、ＳＯＶ型（日本語、朝鮮語その他）ＶＳＯ型（ケルト語など）……などに分けた際、ＳＶＯ型は秩序と論理を愛する民族性から生まれたが他の型は秩序と論理を愛さない民族が生んで使っているものだなどと言ってのけたら、証明不能の暴論になってしまう。勇み足です。必ず文化（意識）が先行して語順が決まるものなら、日本民族と韓民族のように、ロゴスの感覚が対照的なほど懸け離れた両者が、同じＳＯＶ型で「センテンスの末尾でやっと叙述が締めくくられる」という文法構造を共有している事実は説明がつきません。

◎文法と民族性を直結させる勇み足

世界の言語類型の中の多数派は日本語と同じＳＯＶ型ですが、それを使用する諸集団の意識構造は雑多で、使用言語（の一部）の類型を共通にする集団は意識構造も共通だと括ってしまうことはできない。文法類型が意識の類型の産物だとは限らないからです。

日本語は、否定辞が英語の none「だれも〜しない」、never「決して〜ない」、neither「どちらも〜ない」のようには語頭につけられず、必ず文末近くに来ますが、その言語装置は、肯定・否定の判断や意思表示につつしみ深い日本人の性格とは無関係に成立していました。橋本萬太郎教授の記述（『日本語百科大事典』）の通りです。

日本語の動詞の活用（学校文法で教わるミ・ミ・ミル・ミル・ミレ・ミロ……といったもの）とヨーロッパ諸語の動詞の変化がずいぶん違うことは皆が知っていますが、その差違を、凹型の日本人と凸型の欧米人という意識構造の差から説明しようとしても、まず無駄です。書カナイ・書キマス・書イタ・書ケバ……この活用の型と民族性との相互影響は見つかりません。動詞が何十何百あろうと、活用のパターンが何通りかに限定されていれば法則的に動詞が使えるのであって、そのための装置が整然と自己運動しているのですから、自然観や対人意識や美意識・道徳意識などがそこには入り込めないのです。

また別の例。日本民族は全般に凹型、隣の韓民族は凸型と、民族性が対照的なのに、文法的には同じ膠着的（後置詞つまりテニヲハを用いる）言語を有しています。これも民族性が文法構造からつかめないケースになります（言語だけを取り出せば、朝鮮語と日本語の助詞が類似・対応していることは渡辺吉鎔教授の『朝鮮語のすすめ』八一ページ以下の説明に詳しい）。後置詞と言えば、昔の言語学者マックス・ミューラーが、テニヲハを用いる国家社会は遅れた段階にあり、欧米諸言語のような格語尾の変化のある言語（屈折的言語）は国家社会の安定したところにこそ用いられる、と奇妙きてれつな発展段階説を唱えたのなどは問題外です。

小西甚一『日本文学史』に、日本人の精神はもともと自然との間に分裂をもたないのに対して、シナでは精神と自然がふかく切断されている、という的確な対比から、いきなり、シナ語も「音声的および意味的にぷつぷつと切れがちである（日本語は、常に「つながり」の表現を志向している）」と言語の型に結びつけてあるのは、この碩学にも似ぬ短絡の例でした。

文法のパターンのうち現実直結性が否定されるケースを、もう一つあげておくと、日本人が人の和を最優先にし、角を立てないのを美徳とすること、自己主張を控えること、またあっさりしたのを好み、くどくどと説明したがらないこと…などは、第一部に叙述した通りですが、「だから日本語には〝主語なし文〟が多いのだ」と言いたがるのは間違いです。俗に言う〝主語なし文〟は朝鮮語にも頻繁に出て来ます。しかし、韓民族には、角を立てないのを美徳とする、などの文化はありません（その間の事情は渡辺吉鎔教授が『朝鮮語のすすめ』で八ページにわたり詳述された通りです）。これまた、文化を原因とし言語を結果とする短絡的な結び付け方を戒め否定する例になります。

いわゆる主語に限らず、述語以外の要素を明言しないでもかまわないルーズな文法構造は、日本語が祖語（「系統論」という学問領域で明治以来「祖語探し」が行われている）から承け継いだ、生理的遺伝にも似た性格であって、日本人の民族性とはつながり難いものです（韓民族の民族性とその母語の構造についても同様）。

はたして言語現象は、すべてその文化独自の性格を投影するものなのであろうか。

（渡辺吉鎔『朝鮮語のすすめ』）

勿論そうではない、と、渡辺教授と同じ立場での見方を、ここでは言語の自律性という側面から少し長々と説明しました。

「人間を知らずして言語はない、言語だけの法則はありえない」（小林英夫「言語学の道を歩んで」―『言語生活』一九六九年五月）。――「人間を知らずして言語はない」はよいでしょうが、言語外文化から独立した「言語だけの法則」は厳然としてあるのです。その部分に立ち入って日本文化の指標を求めるのは無理なので、第一部では文化の索引として指標語句の利用だけに積極的だったのです。

◎文化と言語のフィードバック――「伝統」の貫流

もう一つ、大事なことわり書きがあります。

第一部で、現代のわれわれが歴史の積み重ねの上に所有している文化（特にその核心部である民族性）の諸様相を眺めるに際し、〈日本語は（無限定にではないが）日本文化を映し出す鏡である〉という前提を置いたことは、何度か言いました。

しかしまた、ひるがえって思うに、言語は単なる鏡ではありません。文化が先に存在して言語がそれを模写するという、単純な、一方的な関係だけがあるのではありません。

文化の所産として形成された言語の部分、特に「文化の索引」になり得るような部分は、その後に生まれた世代、共同体メンバーを、逆に導いて、同一、または類似の認識パターンにはめ込むという、もう一つの事実が重要です。

勿体ない・なつかしい・遠慮・生意気・世間体・恩・義理・恥・てれくさい・いき・おつな・渋い……といった語の存在しない言語共同体で成人した個人は、こういう観念を脳中に持つことがありません。ところが、文化を反映するこれらの語が歴史的所産としてすでに存在する社会に生まれ、それらの常用語を学習して社会化（socialize）されると、それらの観念が脳中に根をおろし、かれの思考や行動を支配して行きます。――つまり文化の反映として一旦生まれた言語の部分は、次に生まれる世代を、先行して誘導する作用をします。そのようにして、ある言語共同体のメンバーには、自然観でも対人意識でも、道徳意識でも美意識でも、近似したものが分有され、文化のパターンが固まると共に一つの〈伝統〉が形づくられて行きます。

ここに、一八六ページなどにふれる〈サピア=ウォーフの仮説〉のような、言語が文化を制約・支配する面を強調する学説が唱えられ、多分に説得力を持つ結果が生まれます。この場合も、言語の中の自律性の強い部分まで持ち出して、〝主語なし文〟やテニヲハの有無、語順の如何などが先行して後の世代の意識構造を支配して行くかのように考えると、無限定に〈仮説〉を適用した勇み足になるので、勇み足とは一線を画するとして、早くも昭和二十六年、国文学者折口信夫教授が、「人間は言語によってのみ思考し、思考を伝へるのだから、（中略）言語が、民族精神を規定してゐる」（「日本文学研究法序説」、傍点引用者）と道破されたのは、期せずしてサピア、ウォーフやヴァイスゲルバー（一八六ページ）らと同じ方向を明示された卓見でした。当時はまだ、言語は考えや文化を表現する手段にすぎないと、相当の学者でも軽視していた時代ですから、さすがに折口教授は達識の士でした。

さて、こうして言語に媒介・誘導されて、文化は世代から世代へと継承されて行きます。一面において文化の反映である言語が、他面では文化伝承の系列を形成し、文化を〈伝統〉として歴史に貫流させる社会的遺伝の強力な媒体となります。「民族が伝統をもつというよりは、民族という集団の観念の対象は、伝統的心意および行動の形態それ自体であるということが出来る。（中略）さればいわゆる民族の観念を産むものは、広い意味の生活形態の伝承の同一ということで、……」（長谷川如是閑『日本的性格』、傍点引用者）とされる「伝承の同一」を媒介するものが言語なのです。独自の見地による和辻哲郎『風土』には、例えば沙漠的人間は沙漠から他へ移住しても過去を「保存」する旨が論じてありますが、つまりそこでも言語に裏打ちされた「伝承の同一」が保存されるわけです。

　世代の交替は、社会的遺伝のズレを生むこともあって文化・民族性に部分的な変化をもたらし、ある語や観念の支配から脱却または脱落する成員も出て来るが、大筋では、言語は一般の理解を超えた支配力の強さで共同体メンバーの観念にワク付けし、無意識のうちに類似のパターンに溶け込ませます。「三つ子の魂」的なコア・パーソナリティーを主軸に、統一・持続される〝民族的人格〟はまさに言語（—母語・民族語）に裏打ちされ続けるのです。

　愛にも憎しみにも徹する苛烈・峻烈な〝愛と憎しみの文化〟（石田英一郎『東西抄』ほか）の一神教的世界がユーラシア大陸の西方部分の広大な地域に厳存するのに対し、東方には異質の多神教・汎神論的文化圏が広がります。その中でもユニークな位置を占める日本の〝柔しき〟文化も、日本語の力の支持と支配を受け続けるという面はくり返し認識されるべきものです。

第二部　日本言語文化の世界

第一章　序　説

——〈言語文化〉の概念と位置づけ

〝日本人らしさ〟の言語的側面——〈日本語文化〉

人間は、あらためて言うまでもなく、複雑多様な文化を持った生物です。そして、その文化の中に、絶対不可欠の要素としての言語を持っている生物です。——すでに第一部で、文化と言語の間に、したがって日本人の文化と日本語の間に、きわめて密接な関係があることの一端を眺めました。

日本語が日本人の心（意識）と影響し合い、一体となって、日本列島に独自の精神空間を形成してきました。「民族的精神空間」と言ってよいものです。それは同時に「民族的言語空間」でもあります。「日本人像」も「日本語像」もその中に見出されるものです。

第一部では、日本語を手がかりにして日本人像を観察するのが主眼でした。すなわち、日本語の中から〝文化の索引〟になりそうな特性語（指標語句）が入れかわり立ちかわり登場して〝日本人らしさ〟を描き出す役目をしました。目的は日本人像を描写することにあり、日本語像の全体を視野におさめることは特に目ざしていませんでした。

それに続く第二部は、日本語という構造体（すなわち記号の体系。langue）の全貌を視野に入れ、また、その日本語を用いる日本人の行動（言語行動）のパターンや、用いるに際しての日本人の意識（言語意識）の傾向、そして、そこから生み出された文芸を含む言語作品に見られる特徴など、きわめて広義の〈日本語〉全体の中に分け入って、そこに含まれる〝日本人らしさ〟の要素をうかがおうとするものです。

いわば、第一部と第二部では、日本語の外と内を入れ代えて、今度は日本語の内側を照射しつつ言語と文化の理解を深めようというのです。

但し、第一部の第七章などにことわった通り、言語の構造の中には、「民族的特彩」（九鬼周造）と結びつけることの無理な、超文化的な部分（言語の自律性の強い部分）があるので、日本語像の隅から隅までが〝日本人らしさ〟を宿していると考えることは出来ません。

文法構造の最も基本的・根幹的な部分や、母音・子音の種類やそれらが結合する型など、〝日本人らしさ〟と結びつけられない部分があることは既述の通りです。それらの部分を除外した上で、日本語像を体系的にたどりながら、〝日本人らしさ〟と表裏の関係にある部分にスポットライトを当てて行こうとするのが第二部の仕事です。

そのようにして探ろうとする〝日本人らしさ〟の言語的側面とは、言いかえれば〈日本文化の型〉の言語的側面、すなわち〈日本文化の型のうち、日本語の構造と運用にわたる部分〉です。それを〈日本語文化〉と呼びましょう。――裏返して言えば〈日本語の構造と運用にわたって見出される〝日本人らしさ〟〉が日本語文化です。

〈日本語文化〉という概念を立てるなら、更に一般化して〈言語文化〉という概念を立てることが当然可能です。すなわち、〈ある文化の型のうち、言語の構造と運用にわたる部分〉を言語文化と呼ぶ、と規定することができます。――これも裏返せば、〈個別言語の構造と運用にわたって見出される使用集団（言語共同体）の文化特性〉が言語文化だ、ということになります。それは言語と文化の対置ではなく、「言語という文化」の意味とも違う、また別個の概念です。

そこで、次の第二章から日本語文化の具体的な記述に入りますが、その前に、〈文化〉の中における〈言語文化〉の位置づけに関して、もうしばらく説明しておきましょう。

●宗教文化・法文化・政治文化……など

人間の文化は博大なもので多種多様の側面を含んでいます。文化を一つの大きな全体――way of life の体系――とすると、その中に宗教・教育・政治・行政……といった部分領域があります。その部分領域ごとに、その文化共同体（最も基本的には民族）の有する傾向があり、それが相寄って共同体全体としての特性を形成してきました。〝○○人らしさ〟はそれらの総合でもあるわけです。

早い話が、宗教という領域を見れば、一神教の社会と多神教の社会で性格が大きく異なることははっきりしています。多神教社会の中でも〃八百万《やおよろず》の神々〃を仰ぐ日本民族の社会にはまた特有の傾向があります。〃八百万〃の日本は多神教中の多神教国です。共同体メンバーの原郷としての〃鎮守の森〃は地域社会の精神的中心を成していますが、氏神に限らず祭神は社によって違います。神道は教義がないユニークな宗教（習俗？）で、人々は教義に従って神を信じ崇めるのではなく、先祖及び祖先崇拝の対象とし、また「神だのみ」の対象にもします。初詣で・絵馬・おみくじ・お守り……これらが神道の国の宗教風俗です。

しかも、日本の神は仏と共存していて、醇乎たる〃やまとごころ〃を唱えて儒仏をしりぞけた本居宣長でさえ浄土真宗の門徒であることは生涯続け、自身の戒名まで決めていたそうです。そのような共存社会は「神前の結婚、仏式の葬儀の国」（ひろさちや）と評されます。仏教も日本に普及すると信仰の対象ではなく、死者儀礼のための仏教という性格が濃厚です。教会で結婚式を挙げてもクリスマス・イヴを祝ってもクリスチャンとは限らず、「……団体で神社仏閣に参るのは、一種の慰安旅行であった。娯楽のついでに信心も、というような軽い気持のものが多かった」「宗教と娯楽とのけじめがつかないのも日本人の特徴の一つかもしれない」（渡辺照宏『日本の仏教』）。

多雨湿潤の日本に比し、乾燥の風土に生じた一神教、キリスト教やイスラム教の世界の戒律のきびしさ、教会堂の建築様式や礼拝する人々の姿、教会堂や街に流れる楽の調べなどを思い浮かべただけでも、宗教に色づけされた生活の型すなわち文化の対照的な相違を感じます。

一般に(1)意識の中に存在する信仰、(2)行為によって表現された儀礼、(3)外界の物体に象徴された神殿・聖地・偶像などの対象物、の三者から成り、三つの体系によって組織された一個の全体が宗教だ（石田英一郎『文化人類学入門』）、ということになりますが、(1)(2)(3)それぞれに文化共同体特有の部分があり、そしてそれらが日常生活に入り込み、〈文化〉全体のパターンに影響し、特彩を与える作用に共同体ごとの傾向があります。――それを総称して〈宗教文化〉と呼ぶことが出来ます。日本の宗教文化もすこぶる特異、ユニークな存在です。そのユニークさに安住して、国際的な宗教感覚、殊に一神教文化に鈍感すぎる面も日本人にはあります。

話を移すと、碧海純一教授による「文化」の説明（九ページ）の中に「契約の交わしかた」というのも例示してありました。あれは部分領域文化としては〈法文化〉に属する事柄です。

日本人は物事を法に則って解決するのはギコチないやり方だとして避ける傾向を持ち続けてきました。法の適用を俟《ま》たず、慣習に則って解決するのを融通のきくやり方として好んできました。イザヤ・ベンダサンの言った〝法外の法〟で動くのが伝統でした。

庶民の論理・論理に沿ってイキなはからいの出来る奉行や裁判官こそ名奉行や名裁判官とさ

れました（近頃は大岡越前守や遠山金四郎の名さえ知らない裁判官が出て来そうな気配ですが）。「目こぼしあるが善政」という人情的なはからいのよさも、伝統的日本人は知っていました。それによりかかって法的知識《リーガルリテラシー》の不足が尾を引いている面も目立ちます。

日本がいわゆる訴訟社会でない、とされてきたのも、日本型の法文化の大きな側面です。少し前の統計では、人口一万人について弁護士の数は、アメリカ三一・三人、イギリス一四・四、ドイツ八・四に比べて、日本は〇・八人。訴訟がいかに少いかがわかり、併せて「知的労働に対価を支払いたがらない日本人の心性」（鍛治千鶴子弁護士）までうかがえます。

最近は日本人の法律敬遠・訴訟嫌いにも少し変化が見られていますが、長い間、法治国家を強調しながらも法は発動させないという文化が根強かったのです。「訴訟マニアは別として、われわれは裁判という形での紛争解決を原則的に望まない」（中川剛『日本人の法感覚』）、「われわれの心理にひそむ、裁判への漠然とした恐れは、集団（引用者注、近隣やムラ・マチ）の監督不行届きの責任が裁判の過程で問われた封建制下の記憶に発しているようである」（同）というわけで、裁判の原型は自由人の公開論争（三ケ月章教授）だという西洋とは違います。

日本人が「義理の兄弟」と言うところを英語では brother-in-law と言う。これなどは双方の社会が重視するものの差を鮮やかに示した例です。つまり法が身近なものか否かという〈法文化〉の差です。

タテマエの法（見える法。明文化された法律）を身近と感ずることなく、ホンネの法（見えざる法）が日常的に人間関係の潤滑油のはたらきをするのがよいという日本的法文化は、元来、大陸から漢民族の国の法システムを輸入して成文法を学び知り、後にはヨーロッパの法体系を輸入して近代国家の法体系を整えたという、法の継受（輸入）国であるという歴史的事情にもつながっています。

次に〈政治文化〉という概念を考えてみると、しばしば言われる日本人の〝全会一致〟好み（多数決は「しこりを残す」と言って嫌う）という意思決定のパターンや、一人のリーダーに力を集中させない集団指導制、同時にトップ・ダウンを好まない意思決定システム、また言語によるアピールには消極的で、政治家が開かれた場での徹底討論の修練を積もうとしないこと、政党支持を明言することを避け「オレは右でも左でもないが」を口癖にしていれば無難だという有権者の心理、日野睦子『日々是選挙』や家田荘子『代議士の妻たち』に描かれた日本的選挙風土……など。――このような〈政治文化〉を政治学者堀江湛《ふかし》教授は「文化の政治にかかわる側面」と規定しています（堀江・芳賀ほか共著『現代の政治と社会』）。

長谷川如是閑（『日本的性格』）が、日本的性格の政治的条件として、民族的対立は先史時代に整理され、わが国に最初に成立した政治形態が同族的中心による統一であったこと、したがって政治的統一が峻烈性をもたず家族主義的パターナリズムであったこと、長い間外国の征服を受けなかったため政治対立は民族的対立と結びついた悪辣性をもたなかったこと、中央権力による大規模な収奪がなかったこと……等々に言及したのも日本政治文化論の先駆的発言と考えられますが、包括的・総合的記述の好例としては、後年の、中村菊男『政治文化論』（講談社学術文庫版は解説芳賀綏）が挙げられます。有名になった「中空構造」（河合隼雄教授）と同様の概念なども、ずっと早くから中村菊男『日本的リーダーの条件』などで「天皇型リーダーシップ」として説かれていました。

〈行政文化〉については辻清明『日本官僚制の研究』を代表とする諸学者のすぐれた分析がありますが、残念ながら内容に言及する紙幅がありません。一方、谷村裕『ずいひつ大蔵省の便所』などはお役所内部のスケッチを通して〝日本人らしさ〟の行政的側面をわからせてくれる名品です。〈経営文化〉の研究も開拓されましたし、〝教育文化〟という呼称は熟していないかも知れないが、中古からの大学や近世の寺子屋、近代の学校制度とその運用、そして家庭教育のパターンなど、日本的特性が挙げきれぬほどあるはずです。

〈言語文化〉のユニークな地位

例示したような、宗教文化・法文化・政治文化・行政文化・経営文化……等々は、それぞれ、日本文化の全体という「大世界」に対して、それを構成する要素となる「小世界」です。全体文化に対する部分文化です。

念です。

〈言語文化〉も、それらと並んで、大世界に対する小世界の一つととらえることの出来る概念です。

が、言語文化は、それにつきるものではありません。言語とかかわりのない人間生活はない、という、言語特有の普遍包括性によって、言語文化は他の部分文化に対して、同列とは言えない独得の地位の占め方をしています。

宗教・政治・法・行政・教育なども多かれ少かれ相互に影響し合っています（例えば宗教の支配力の強大な社会では他の領域にも宗教の影響の及ぶ程度が強い、など）が、一応、互いに独立した文化領域を成しています。ところが、人間社会のどんな部分領域にも必ず言語が介在して働いています。言語は人間生活に顕在して機能するばかりか、複雑かつ陰微な形でも潜伏潜在して作用しているのです。

言語は人間の行動のすべてに余りにも深く根ざしていて、我々の意識的行動の機能面で、言語が深くその役割をはたさないような部分は少しもない……

（E・サピア『言語・文化・パーソナリティ』、平林幹郎訳）

そこで、言語文化は、宗教文化・法文化・政治文化……等々と並列して存在するのではなく、諸々の文化を横断し、それらと重なり合って存在するのだということになります。言語文化はそれほど包括的な存在なので、その意味では、部分文化とか小世界とか呼ぶ以上の、深く巨大な存在と考えるべきものと言えます。

そのような地位を占める言語文化、すなわち〈民族に特徴的な精神空間と相関する（フィードバックする）言語事象〉の観察を、日本語文化を主たる対象として進めますが、以下、次の順序に沿い、四章にわたる予定です。

㈠日本語（という記号の体系）の構造――語彙と文法の示す日本文化的側面

㈡日本語の運用――①常用語句その他の特徴的表現を生む民族的発想

②日本語民族の言語行動のパターンと基底にある言語意識・言語思想

㈢高度の言語作品としての文芸（及びその延長としての総合芸術）に見る日本的性格

右の順序で記述したいのは、よく言われる、言語としての〝日本語の特色〟とは少し違います。第一部で〝日本人らしさ〟を描写の対象とし、日本語の中から描写の手段になる個語（単語）や慣用句を動員したのに引きかえ、第二部は、日本語の構造と運用の全体を正面に据え、それらのうちで〝日本人らしさ〟の投影・滲透を受けていると思われる部分を記述するのが大筋で、このアプローチも〈日本文化の型〉を明らかにして行く目標には何の相違もありません。

第二章　日本語の構造内に見る文化

A　語彙――〝脳中の辞書〟に描かれた宇宙像

〝脳中の辞書〟と語彙の定着

日本人に限らず、どの言語共同体のメンバーも、母語という記号の体系（langue《ラング》）の単位記号である単語（words）を社会生活の中で習得し脳中に貯えています。

そして、フランス語は五千語を知っていれば日常会話の九六％がこなせる、日本語だと二万二千語を習得して九六％の会話に間に合う、という風に、単語備蓄の必要量は言語と言語共同体によって違いがあります。谷崎潤一郎は「われらの国民性はおしゃべりでない」から国語は語彙にとぼしい、と考えましたが、日本人の「おしゃべりでない」文化はこの本でも再三ふれている通りですが、それとは無関係に、脳中に備蓄する日本語の語数は豊富なのです。

どの社会でも、言語の使用者は、単語を分類などして憶えているわけではなく、漠然と、また、かなり雑然と、数多の単語を脳中にしまい込んでいますが、そうかと言って、無数の単語は相互に何の関連も持たずに人の脳中に詰め込まれているわけでもありません。ある種のつながりが単語相互の間にあります。意味の連関、〝連想関係〟と思ってもよい。

最も普通に使われている辞書は、言語共同体メンバーの所有する単語を、五十音順やＡＢＣ順に並べて登録した基本台帳ですが、あのように配列すると、並んでいる単語相互間には意味のつながりがありません。われわれの脳中には、あんなアイウエオ別などの単語分類は存在せず、強いて言うなら、シソーラス（単語を意味別に分類・配列した台帳）、もしくは類語辞典の類と似た、それよりもっと未整理の形の単語の網の目が張られているのだと考えればよいでしょう（八九ページの図はその模様の、ごく一部分を多少整理したものです）。

われわれは親や先輩たちから単語を習得して次第に頭の中の網の目を細かく精密にしてきましたが、個人々々について言えるのと全く同じ事情が、一つの言語共同体の全体についても存在します。――ある共同体に言語が芽生え始めた頃は、まだ単語の網の目というほどには至らず、白紙にも似た状態から出発して行きます。折口信夫教授によって想定された「古代日本人の言語発想の始まった時代」、つまり暁闇の時代が日本語にもあった。白紙に近かった人々の脳中に母語の発達と共に単語の貯えが増え、意味の連関によってそれらが頭の中に配置され、網の目を細かくしてきた、そのようにして何千、何万という単語が集合して構造を成した〈語彙（vocabulary）の体系〉が、日本語に限らず個別言語ごとに固まり、根を下したのです。

◎語彙の体系――民族の宇宙像

人間を取り巻く世界は渾沌としていて、それ自体は分類も何もされていないものですが、世界（外界もしくは実在界）と同様に渾沌としていた人間の頭脳は母語の発達・整備につれて整理され、世界（宇宙）の像が形づくられて行きます。その像を形成した、また絶えず形成しつつあるはたらきが〝言語発想〟（折口信夫）と呼ばれたと思えばよいでしょう。

われわれの脳中にある語彙の総体が、われわれの世界（宇宙）像を物語るものです。その総体は何万、何十万という単語に分かれているので、語彙は〈脳中に在る宇宙分割を記号化したもの〉とも言えるわけです。

……ことばというものは、渾沌とした、連続的で切れ目のない素材の世界に、人間の見地から、人間にとって有意義と思われる仕方で、虚構の分節を与え、そして分類する働きを担っている。言語とは絶えず生成し、常に流動している世界を、あたかも整然と区分された、ものやことの集合であるかのような姿の下に、人間に提示して見せる虚構性を本質的に持っているのである。

（鈴木孝夫『ことばと文化』）

「ものやこと」は、言語の作用によって与えられたsocial reality（井筒俊彦教授）、もしくは

cultural realityです。実在そのものではなく、人間のやり方で実在をとらえた、いわばフィクションです。カッシーラーが言った〝象徴の世界〟は、その意味で言えばフィクションの世界です。

それぞれの母語が〝文化的実在〟を作り、共同体の成員に共通の文化財として分有させている、そのありさまそのものはまさに「言語文化」の重要項目の一つです。

そして、その種の、構造を与えられた世界を形成する営みがまた「文化」です。自然観・対人意識・道徳意識……などは言語と関連しつつもそれぞれ独立したカテゴリを成す〝言語外文化〟で、虚構の分節を与える対象になる実在（reality）の一部ですが、実在に分節を与え〝象徴の世界〟を作って行く営みはそれとはまた次元を異にする「文化」です。言語という構造体《システム》に潜在する〝言語内文化〟と考えてよい。日本語に特定すれば〝日本語内文化〟です。〈日本語文化〉、一般化すれば〈言語文化〉の真っ先にあげたくなるのが語彙の体系で、それは民族の脳裡にある宇宙像をうかがわせる壮大な文化領域です。

◎意味の体系と思考の回路――サピア=ウォーフの仮説など

不定形で流動的な実在界を「人間の見地から」区分・分割した結果が、何万、何十万という単語で、人間が実在界を何十万かに範疇化《カテゴライズ》したのです。そうやって出来たカテゴリを〈意味範疇〉(semantic categories) と呼びます。うんと大ざっぱに言うと、単語の数だけ意味範疇があり（上位概念・下位概念などのレベルの別を考えるともっと複雑ですが）、語彙の体系は意味の体系であると概略は考えることができます。

意味範疇を生み出す「人間の見地」には、一つは、イェスペルセンが「知的基礎に於て、又心理的構造に於て全人類に共通な点が矢張り非常に多い……」（『人類と言語』須貝清一・真鍋義雄訳）と言うように、人類普遍・万国共通と見るべきものもあります。

そしてもう一つ、共同体ごとの生活環境と文化に潤色された「文化的見地」と呼びたいものがあります。文化的見地の差異から、言語による意味範疇の異同が生じ、言語による単語の網の目の精粗の差が生まれます。――同じ言語内文化にも、日本語内文化・英語内文化・マライ語内文化・タラスコ語内文化……と何千もの変異があるゆえんです。

発想の仕方（実在との対応の仕方）に個別言語ごとの異同があり、語彙の体系に言語ごとのズレがあるので、言語ごとに作られた世界像は多かれ少かれ異なっている。――ドイツの言語学者ヴァイスゲルバー（L. Weisgerber）は「母国語の世界像」を唱え、人は母国語によって実在認識のワクを与えられることを強調しました（『言語と精神形成』福本喜之助訳、その他）が、そこでは当然、それぞれの母国語には個性があり、そこから人々の認識内容に差異が生ずるという面が重視されていました。

有名な〈サピア=ウォーフの仮説〉で知られるアメリカの言語学者サピア（E. Sapir）とそ

の弟子ウォーフ（B. L. Whorf）が、個別言語が先行してその社会の文化のパターンを決定する、と言語の支配力を重視し、ウォーフが特に〈言語決定説〉（lingistic determinism）の立場を力説したのも、語彙体系が民族の思考を制約する面の強調でした。

心理学者などが「言語は民族の思考を規定する系である」というテーゼを言ったりする場合も、右のような認識が重要な根拠にされているはずで、つまりは日本人の認識や思考は日本語という回路に支配されると言っているわけです。

〝意識の中の辞書〟の差異——民族の得意分野、苦手分野

シソーラスの類が分類の形で示している意味の体系は、例えば「抽象的関係」「人間活動の主体」「精神及び行為」「生産物及び用具」「自然物及び自然現象」などと分かれ、更に細かく下位の範疇に分かれて行きますが、細かな意味範疇の作り方は個別言語ごとに食い違い、それぞれの偏りを持っています。〝意識の中の辞書〟が別なのです。

その一端に出くわすのは英語を習い始めた時です。——日本語はアニ・オトウト、アネ・イモウトという四区分なのに英語は一次的には brother, sister の二区分。一方、日本語ではウシ一語のところを英語は ox (bull), cow…と呼び分ける、という具合です。

日本語では花の名、虫の名、魚の名、鳥の名、風や雲や雨の呼び方などは精密に意味範疇を分けています。つまり語数が豊富で語感の差も微妙そのものです。日本人の自然観の内容と直

結しています。その感覚でドイツの魚屋へ行き、カニとエビを共にKrabben（英語のcrab）と呼んでいるのを知った時は驚きでした。小海老は英語のshrimpと同じに区別するようですが、レストランでアユとマスを区別しない例も経験しました。

その代り、肉を買いに行くと、全く知らないドイツ語の商品表示ばかり並んでいて、その精密さにはお手あげでした。――牛肉ならヒレ（Filet）はもとより、太もも・太ももの付け根・アバラ骨の付いた胸肉・横隔膜から下のアバラ部分・膝の上の肉をスライスしたもの・脂肪分のある（ない）挽き肉……いや、もっと細かく分かれ、呼び分けてある。十幾つもの名がありますす。豚肉も全く同様の細かさで、臀《でん》部・腹部・ほっぺたの肉から脳味噌にまで分けて名づけてあります。パリでもマドリッドでも肉屋の店先からして肉食民族の色彩濃厚ですが、その欧米文化にふさわしい精密な部位の分類です。日本人にはまだそこまでは無用の細分化ですが、沖縄では豚肉の部位をじつに細かく言い分けているそうです。一方、ライス（rice）一語で片づける欧米人は、イネ・コメ・メシ（御飯）と分かれる日本語が珍しいらしい。

日本語は古来、身体部位の名づけは大ざっぱでした。――「手」と言えばhandもarmも意味し、「あし」はfoot（feet）とlegの両方を意味します。〝胴長短脚（legs）〟でなければおかしいのに〝胴長短足（feet）〟と言って平気なのは、足・脚未分化の命名で通した感覚のせいです。古くはツメとユビも未分化だったらしく、足のユビ先をツマ（爪）先と言う。日本語のカワ（皮）は身体部位の名称を超えて果物でも樹木でもその一語で済ませていますが、英語になると、skin（皮膚、果物の薄い皮）hide（獣の皮）leather（皮革）rind（メロンなどの厚い皮）bark（樹皮）……等々と細分される。日本人にはお手あげの口です。

他方、五感のデリケートなことは日本人が大いに誇りたいところです。風味・香バシイ・歯ザワリ・舌ザワリ・口アタリ・ノド越シ・コク・手ザワリ・肌ザワリ・肌合イ……。日本学専門のドイツ人、C・フィッシャー教授によれば、味覚をあらわす多様な日本語は、一般のドイツ人にはピンと来ない、ということでした。「味なやり方」というのも通じにくいでしょう。「味のうちには舌ざわりが含まれている。そうして『さわり』とは心の糸に触れる、言うに言えない動きである」（九鬼周造『「いき」の構造』）。色彩感覚も日本人は繊細で、太古暁闇の単純な色分けから分化が微細に進んで中間色の区別と命名が多く、虹を七色とする言語文化のせいか、声の変化を〝七色の声〟と称する比喩まで生まれました。「あや」は模様・事情（理由）・言いまわしの工夫……など、単調でない、ニュアンスのあるものを言いますが、これも色彩感覚のデリケートさに源があるのかもしれません。

繊細な味覚と中間色好みが重なったのが味の表現「渋い」で、この語は〝いぶし銀〟を好む美意識にも重なります。アメリカで一九六〇年代「シブイ」という語が流行したそうですが、「渋い」の語義が米人の身についたわけでなかったことは、かれらの言動を見ればわかります。

「風情《ふぜい》」も異文化に等価の語を見出しがたく、日本人の清潔好みから来た「湯あがり」の意味内容と語感なども異言語の体系では空白になっていると考えてよいでしょう。

「有意義度」の食い違い

ドイツの大学で日本語を教えた時のこと。初級クラスで、暖イ・暑イ・涼シイ・寒イの四区分が学生には飲み込めなかった。heiß（暑い）と kalt（寒い）の二つに区分されるだけだ、とかれらは言うのです。ドイツ語にも warm《ヴァルム》（暖い）heiß《ハイス》（暑い）、kühl《キュール》（涼しい）、kalt《カルト》（寒い）の四つの単語は存在していて、日本ならそれが春・夏・秋・冬の四季に対応するところですが、かれらの脳中の網の目は日本語国民とはどこかで食い違っているようでした。

「ヨーロッパには春と秋の季節感というものがまったく存在しない。（中略）冬から夏への移行、夏から冬への移行は、そこに独立した春や秋の介在を許さずに、いわばきわめて唐突である。（中略）極端に言えば、一年中を通じて冬的な日と夏的な日、もっと極端に言えば、冬的な時と夏的な時との二種類しかなく、原則的にほとんど大多数の時間が冬的であるような時期を冬と呼び、逆に、原則的にほとんど大多数の時間が夏的であるような時期を夏と呼んでいるだけのことである」（木村敏『人と人との間』）――この見解に対してはヨーロッパ人からも、それは極論で、われわれにも四季の季節感がある、という発言も聞きます。事実、四季のはっきりしている島国のイギリスでは March winds and April showers bring May flowers.（三月の風と四月の雨が五月の花を咲かせる）と言い、またロンドンの霧は晩秋の象徴です。ドイツ人も〝美しい五月〟（schöne《シェーネ》 Mai《マイ》）に歓喜します。が、ヨーロッパ大陸では学生たちが思っている通り四季の重みが等しくなく、春の暖さや秋の涼しさはマイナーな概念だとすると、「暖い」「涼しい」は「有意義」（鈴木孝夫）の度合いが低くなる道理です。

その意識だと、日本人が「水ぬるむ」の一句に覚える情趣などは共有できそうもない。ドイツ語kühl（英語のcool）の感覚からは「涼シイ顔をして」といった比喩は生まれにくいかもしれません。日本人が「新涼」の語に覚える爽快さなどは別世界のもので、「涼風真世」の名が、ファンを魅了する宝塚のトップスターの素敵さを一段と際立たせたなどは、全く日本的言語文化の世界の話なのでしょう。

◎語の偏在を生む「文化的見地」の差

このような意味範疇の精粗の差、したがって語の偏在の様相の差は、とりもなおさず前述の「文化的見地」の差であって、レヴィ・ストロースの言い方では、共同体の成員の、自分たちを取り巻く事象の細部に対する関心の強さの差異を示すものです。安井稔教授には、共同体ごとの発話の習慣の差などについて「その言語を包んでいる文化が何を言うに値し、何を言うに値しないとしているか……」（「文化型の露頭」―『言語』十一巻八号）という説明がありますが、この言い方を、意味の網の目の問題に応用すれば、その社会が「何を語とするに値し、何を語とするに値しないとしているか」によって、単語の偏り・精粗の差が生まれるわけです。シュンの食べ物、たけのこのハシリ……日本人にとってはこれらの語は言うに値するに決まっているが、こういう「食物の季節性」（寺田寅彦）に縁のない社会も沢山あります。川の水は濁っているものと決まった国土に住めば、「清流」「濁流」は言い分けるには値しないことになります。「雨宿り」「雨あがり」の語義と語感なども多雨の国土の住民なればこそ、といったものです。「おしぼり」も日本人にこそ存在価値のある実物と名称です。

エスキモーの言語では「雪」の名はその状態の複雑微妙な差に応じて無数に分化しているそうですが、雪と共生し続けるかの地ではそこまで細分するに値するわけです。日本に住む「人間の見地」では、そんなに細分する理由がありません。食肉の呼び名についても事情は同じです。その代り、「雨」や「風」や、地形の呼び方がどれほど精細・豊富で、それにデリケートな語感が伴なうか、その一端はこの本のところどころに示しました。

●内に秘めた愛——対人感情動詞

無声映画時代に、冬島泰三氏（注、映画監督・脚本家）がラブシーンの文句一つで苦しんだという逸話がある。現代劇なら、「愛しています」でも事は済む。だが時代劇では愛するなどということばは使えない。「惚れました」では俗っぽいし、「好きよ」では軽々しい。そこで七転八倒して考えだしたのが、「お慕い申しておりました」というセリフの字幕である。

　慕う、ということばの発見は、作者自身のよろこびであっただろうが、その字幕を見た私たちの驚きでもあった。（中略）それほどこの「お慕い申しておりました」は大発見であったのである。

（稲垣浩『日本映画の若き日々』）


これはコロンブスの卵、日本語再発見。「慕う」「偲ぶ」「憧れる」「仰ぐ」…など、〃表明されざる対人感情〃をひとり内に秘める意味合いの動詞は日本語の宝というべきです。同じ平面上に「てれる」「はにかむ」「ほだされる」「つまされる」…があり、「ひがむ」「そねむ」「すねる」「やく」「甘える」…などのマイナス表現にまで連なって行くと考えられます。

　李御寧教授の説明では、朝鮮語で「愛する」意味にはサラン（思う）という語を用い、しかも愛していてもその語を口に出すことはないそうです（渡辺吉鎔『朝鮮語のすすめ』から）。日本人以上に「しのぶ恋」を守る文化では「慕う」は理解されやすい。アジア諸国からの留学生とは対照的に、欧米各国からの留学生は、〃表明されざる対人感情〃を言う動詞の一群がスンナリとは理解できないと言います。かれらと日本人とで、語とするに値するものが異なることの、これも一例です。

『日独仏西基本語彙対照表』（国立国語研究所）を見ると「ほのめかす」の範疇はドイツ語の

基本語が空白で、ここにも対人意識の網の目の差異を感じます。フィッシャー教授は「なつかしい」「やるせない」もヨーロッパ人にピンと来ない語の代表例だと言い、著者と雑誌『コトバ』で対談した時、「なつかしい」をドイツ語で言うなら「過ぎたことを思い出して、それについて喜ぶ」といった、じれったい表現になってしまう、と説明しました。

ユニークな一群――擬情語

日本語に多いと一般には言われている擬声（音）語・擬態語については、戦前すでに、佐久間鼎教授の論文「音声的描写による語構成」の中に含めて分析されましたが、日本民族が古来、言語音による〝描写の芸術〟を生んできた言語文化財の多彩さは山口仲美教授の『ちんちん千鳥の鳴く声は』『犬は「びよ」と鳴いていた』その他でも発掘・分析された通りです。中世の狂言なども擬声語の発明が多く、（垣根を破って）メリメリグヮサグヮサ・（天目を投げて）クヮラリチンチンクヮラリン・（落ちた雷自身が）ピッカリピッカリピッカリヅデイドウ……など、形や身振りとの相乗効果で笑わせたものらしい（高野辰之『日本演劇史』第一巻）。最近の若い人が愛読する『阿房列車』の内田百閒翁が電気機関車の汽笛をホニャア、ケレャア……と模写し、話術の神様、徳川夢声がハワイアンギターをザンババ、ズンボロボと真似て、辞書に載らない個性的発明を示した戦後の例もあります。

しかし、多様多彩な擬声・擬態語は日本語以上に多彩な朝鮮語をはじめ世界諸言語にあるもので、日本語のそれが日本人的感覚を示すのと同様、諸民族のユニークな感性が並び競うさまは、例えば『言語』三〇巻九号の特集「楽しいオノマトペの世界」にも明らかです。――その類よりも、多くの言語の語彙体系で空白になっている部分に〈擬情語〉と呼ぶべき一群が存在するのが日本語の語彙のユニークさだ、というのが金田一春彦教授の持論です。

いわく、イライラ・ムシャクシャ・ヤキモキ…などは外国人には理解困難だろう、と。――そう言えば、ホッとする・ハレバレとした気分・スッキリした・（胸の中が）モヤモヤしてる・ウンザリだ・ガッカリだ……など、いつも感情がキメ細かく、時に激しく動くありさまを描写した語句は豊富で、常用・頻用されます。慕ウ・偲ブ…の一群の、内に秘めた感情の動きを言う語に高い有意義度を与え、ショゲル・フサギコム・ムクレル・ムカツク・ジレル・イラダツ・侘ビル……など不断の感情の揺れを細かく言い分けている情緒的な日本人だけに、擬情語のない〝意味世界〟に住んだらその息苦しさには堪えられないはずです。

◎意味範疇形成の深層部分

第一部で〝日本人らしさ〟（日本民族の意識構造）を五つの面から眺めた際、無数の指標語句が登場しました。あの中で辞書の見出し語に登録されている多数のもの（単語）は、そのまま語彙体系の構成要素です。意味の世界のどこかに位置して意味範疇のどれかを担っていますま（他の言語の体系だとその部分を担う語がなく範疇が空白のことがあります）。

あれらの指標語が日本語の語彙体系の中に位置を占めること自体が、言語の〈現実反映性〉の例証で、その存在は日本社会の現実や日本人の意識構造と表裏した言語特性の一要素です。

このように、日本の言語外文化と表裏して言語の構造の重要部分が出来ている面がありま す。――こうした意味範疇の作られ方自体が文化の一部なのですが、それと並んで、もう一つ、意味範疇形成の深層に作用する力があることに思い至ります。単語や意味範疇の中には、言語外文化の直接の反映とは言えないもの、何らかの文化の所産にはちがいないが如何なる文化から結果したかの説明が困難なものがあるのです。

英語の high も tall も日本語では「高い」一語です。日本語の「…の上に」は、英語では、on, above, over などと分かれるが、日本人の祖先が、そのような区別を「語とするに値しない」とした理由は霧に包まれています。宮島達夫「日本語とヨーロッパ語の移動動詞」(『金田一春彦博士古稀記念論文集』第二巻) によって、「いく・くる・のぼる・おりる・入る・出る」など〝移動の方向〟を示す動詞は、日本語やフランス語では基本的な単語一語で示されるが英・独・露語はそうは行かない、逆に、独・露 (特にロシア語) では「徒歩で (移動する)」・乗り物で (移動する)・走る・泳ぐ・とぶ」など〝移動の方法〟が一語で示される (日・英・仏などは「徒歩で行く」「乗り物で行く」を一語では言えない) ……という対比が明らかにされましたが、この傾向の差も、日常経験される文化の差とは直結せず、意味範疇形成の根底には未解明の力が潜在して作用しているのを感じます。

「表」があれば「裏」がある、「縦」と言えば「横」というのは日本人には常識ですが、表―裏、タテ―ヨコという一対の意味範疇は和・漢にはあっても欧米諸言語にはありません。日本人から見れば不便です。フランス語に「深い」があって「浅い」が欠けているとは、どうしてそうなったものでしょうか。

これら諸々の一対が生じた、生じなかった――それがまさに祖先の〝言語発想〟の差だった。そうした発想、精神作用は不可視的な、意識の深奥の神秘的とも言える部分に属するもので、その作用に諸々の型があったわけです。それを、言語差を生み出した深層潜在文化であると考えることができます。

◎顕在文化と潜在文化――民族の感覚の深奥部分

一体、文化と一口に言っても、それは単層のものではありません。

外面からとらえやすい顕在的（overt）なもの（ここではその意味に explicit culture の称を用いておきます）があり、外面からとらえにくい（covert）部分に潜在するもの（ここでは implicit culture）があり、大まかにはこの二つに分けられます。

文化の中の物的文化（material　culture）は最も顕在的・可視的なものですが、心的文化（mental culture）になると顕在から潜在にわたりいくつもの層があり、言語による意味範疇の差違には、民族のメンタリティーの最深層部分に基因する、まさにimplicitなものまであると見るわけです。――ここに、意味範疇の分かれ方（つまり宇宙の区切り方）そのものを民族の文化の重要部分と見るethnolinguistic（民族言語学）、ethnosemantics（民族意味論）などの立場での重大関心対象がクローズアップされます。implicitな文化の中でも最も内奥に横たわる言語内文化の問題です。

「詩の香気と品位」を重んじた北原白秋は「香ひをこめた色、それが匂なのだらう」（傍点引用者）と書いているそうです。

古くは、「紫の匂へる妹を憎くあらば…」（万葉）のように、美しい色あい・つややかな美しさ・魅力・気品…など、視覚的な美しさを意味した「匂ひ」が、「花ぞ昔の香ににほひける」（古今）や「わざとならぬにほひ、しめやかにうちかをりて…」（源氏）のように嗅覚の表現に移行してきた。「かをる」にも嗅覚の表現のほかに、ほのかに（つややかに）美しく見える…の意味がありました。「色香」と熟した一語もある。旧制三高から現在の京大にかけて歌い続けられた逍遥歌に「さ緑にほふ岸の色…」とあるところにも、嗅覚の表現専一に移行し切らず視覚の表現をも残す「匂ふ」の用例に気がつきます。

ここに「光るものは香る」という日本的感性のユニークさがある、と注目して古典文芸などを精細に分析した朱捷教授（『においとひびき』）は、かの白秋の一言こそ日本語の「におい」

の意義を最も的確にとらえている、と言います。

そして、英・独・仏・ポルトガル語などを調べても『におい』のような、嗅覚と視覚を一語で表現する語彙《ママ》は、日本語以外についに見つかっていない」(同書) と言うのです。勿論、教授の母国語も英・独などと同じなのでしょう。

このように、視覚の把握と嗅覚の把握がオーヴァーラップしたのは、祖先の感覚の深奥に何か秘密が潜在していたものではないか。朱捷教授は更にいわく、鞍馬の火祭に用いられる神楽松の点火用の芯も鞍馬では「におい」と呼んでいる。点火は生命の始まりにたとえられるが、日本語の「におい」は生命の原点を思わせる語だとあらためて感心させられた、と。生命感覚の根源につながるとも思えるユニークな語義の根底は、顕在文化 (explicit culture) の観察と解釈に頼っただけではつきとめ難い性質のものと感じます。ここにも潜在文化 (implicit culture) の妖しさが思われ、謎の解明にまだ夢が残ります。

アイルランドの歯医者に行くと、医師は口腔の中を「東西南北」に分けて痛い歯の位置を問うそうです。方位の観念が口中の区分に重なるとは日本人には思い及ばぬ神秘的な理由の潜在が思われるところですが、アイルランドの場合は太陽崇拝に基づいて前面を「東」と呼ぶとわかって謎は解けました。が、半世紀近い前の大阪の運送業者は、荷物の「東の角」「南の角」などと呼びながら荷造りしていたと言いますから、むしろこちらに何か奥深い理由の潜在が感じられてなりません。

また、これは語彙から文法の領域にもまたがる問題ですが、いわゆるbe動詞を「ある」と「いる」に区別し使い分ける言語と区別しない言語があり、日本語は前者です。この差違も「その由来するところにすこぶる根源的なものがあることは、深く察しなければならない問題点ですが、…」（佐久間鼎『日本的表現の言語科学』、傍点引用者）と示唆された通り、やはり〝言語発想〟の深奥に謎の潜む事例でしょう。

そして、その発想の最深層には、超文化的な、人類普遍のものが厳存し、個別言語ごとの差違にかかわらない共通の根底部分があり、それを尺度に「分節」の仕方の異同がとらえられるので諸言語の対照的観察も外国語学習も可能になるわけです。

B　文法―主に動詞―と社会的発想の型

●叙述展開のカナメ――動詞

映画史に残るアメリカ映画の名作『モロッコ』は、昭和六年二月に日本で公開された時、本邦最初にセリフの日本語訳の字幕が付けられた作品ですが、映画の山場の一つ、愛人を残してモロッコの砂漠を戦場へ向かう決心をした兵士ゲイリー・クーパーが、愛人マレーネ・ディートリッヒの留守の部屋に入り、化粧鏡に大きく、

I changed my mind.

と書いて去って行く場面。これが日本語字幕になると、

気がかわった

なるほど、これが自然な日本語だ。日英両語の対比が鮮やかに示された一例として印象深いものでした。

言語体系を成す単位記号としての単語を運用する法則（文法）を持ち、意識された内容を叙述する機能を有するところに人間の言語の特性がありますが、その叙述の要《かなめ》になる語類が動詞（verb）です（日本語では〈用言〉全体を広義の動詞と考えてよい）。――叙述展開の傾向を、要になる動詞（用言）の種類に着目して〈行為動詞型〉と〈状態動詞（形容詞を含む）型〉に大別すれば、日本語は後者の性格の色濃い例に属します。

狭義の動詞に限れば、日本語の場合、佐久間鼎教授が『現代日本語の表現と語法』（増補版）などで早い時期から支持された〝ミカミ（三上章）式〟の分類と命名があります（三上章『現代語法序説』ほか）。決して受身を作らない「所動詞」が特立されていて、次の表のようになります。

動詞
- 所動詞 inactive verb ……アル・出来ル・聞エル・要《い》ル・似ル・見エル……
- 能動詞 active verb
  - 自動詞……イル・行ク・来ル・泣ク・走ル・降ル……
  - 他動詞……打ツ・買ウ・聞ク・見ル・叱ル・愛スル……（他動詞）transitive verb

（所動詞・自動詞）→（自動詞）intransitive verb

所動詞はすべて同時に自動詞で、「おのずから然《しか》る」成り行きを示すものを含み、受身（受動態）を作れません。一方、能動詞は、「みずから然《しか》する」自動詞と「他を然さする」他動詞から成り、日本語の場合は、能動詞ならば自動詞でも利害（迷惑）の受身に限り受身が作れます（二一二ページ）。——この分類を参考にすれば、所動詞も含めた自動詞に軸足を置く性向、もしくは所動詞に重心のかかった自動詞好みの傾向が日本語の叙述展開にはあります。

お風呂がわきました。

お茶が入りました。

などは全く日本風の静的な叙述法で、「お茶をお入れしました」と他動詞を用いた能動的な言い方で差し出すのよりもずっと日本人らしい。日本女性の物腰には殊にふさわしいものです。

I think を意味するのは「私は思う」なのに、なぜ「私には……と思える」と歯切れの悪い表現をするのか、とじれったがられても簡単には直言式表現に改まらない。『モロッコ』の字幕「気がかわった」も静的な自動詞叙述であって、"I changed my mind."式のダイナミックな能動的表現は思いつかないのが日本語文化です。

〈意志のある行為〉として叙述しようとせず、〈事態の推移（結果）〉として述べようとする好みは、第一部でくり返し眺めた、人間が突出せず自然の中にひそむ凹型文化の本領を思わせます。

第一部の第七章では、言語体系のうち、音のシステムや文法構造の基本的性格を、短絡的に文化と結びつけてはいけない、と言いました。いま「言語文化」のパターンを探求する場合にも、例えば語順の最も基本的な型のような文法の基層的・根幹的部分を不用意に取りあげるわけには行きません。SOV型の言語かSVO型の言語か、その類型を、その共同体の文化のパターンと表裏一体だなどと考えられないことは、一六三〜七ページに言った通りです。

ところが、文法構造の基層的・超文化的部分よりもいくらか表層的な部分になると、その共同体の文化とつながりがありはしないか、少くとも言語文化の特徴的傾向の一部と言えそうではないか、というところが顔をのぞかせて来ます。――文法的構造と表現の慣用（usage）、両者の接線と言えるような部分などに、そんなケースが見出せます。そのような、「ルール」

と「好み」の重なる部分（池上嘉彦教授は「意味論の周辺部」とも見る）に、いま、この本の議論が進んで来たところです。

●自動詞型発想の日本人

当店ではフランス語が通じます

これが日本人なら自然に出てくる言い方です。ところが、欧米では対照的だ。

Ici on parle français.　（フランス語）

French is spoken here.　（英語）

フランス語は能動態、英語は受動態の差はあるが、どちらも能動詞（行為動詞）を使うのです。右の日本語の言い方には人の動作は全く表に現れません。行為者は陰にひそむのです。

「この列車は、前寄り一号車、二号車と後寄り九号車が自由席となっております」

「なお、全席禁煙となっております」

すべて自然現象のような言い方で、車掌や駅員にとっても他人事みたいなところが、すっかり身についた自動詞型発想です。

サピア＝ウォーフの仮説を唱えた一人であるウォーフの記述によって、カナダの一部の原住民が使っているホーピ語は、出来事を中心にした叙述法で、その点〈行為者＋行為〉というインドヨーロッパ諸語の叙述法と対照的だということが知られ、その他世界のあちこちに、日本語寄りの叙述法の言語が存在することが明らかにされてきました。

佐久間鼎教授は、東洋大学の研究室でお傍にいた昭和三十二年以後の四年間を中心に、昭和初期以来のご自身の日本語理論をくり返し著者に説き聞かされ、「日本的表現」という言い方を反復強調されました。その中で佐久間教授が重視された一つが、日本語には物事が「おのづから然る」（本居春庭）式の自然本位的・超人間的な動作表現が多い、という点であって、それはヨーロッパ諸語の「何者かがしかする」「何者かにさうさせられる」式の人間本位的な傾向と対比される、というのでした（教授の著書『日本語の特質』『日本語のかなめ』などにその旨を文章化しておられます）。「比較文化学」のテーマと自覚されての見方でした。

古来、いわゆる助動詞のル・ラル（現代ではレル・ラレル）は、自発・尊敬・受身・可能の四つの意味を併せ担って来ましたが、なぜ一語でそういう作用がなされたのか。「この四つの意味の根本は自発つまり、自然の成行きを表わすところにある」（大野晋『日本語の文法を考える』、傍点引用者）のだという説述は、行為動詞（能動詞）による能動態的表現を避け、「何者か」の意志が際立たないようにする日本的発想が、遠い古代の日本語以来のものであることを理解させるものです。

佐久間教授は、日（自然本位）・欧（人間本位）の差が「由来するところは遠い、かつ深いものがある…」、それは「民族の世界観・人生観に淵源する」ものであろうかと記されましたが（『日本語の特質』）、この本の第一部に何度も説いた日本人の自然観（及び、人事をも自然と一体として見ようとする性向）と思い合わせると、感興は俄然高まり、太古日本のアニミズムとの関係などに想像を及ぼし考察を進めたい誘惑がおさえがたくなります。

「なる」言語に浸った日本人

一体、語順などの文法の基本構造は、いわば超文化的に（民族の世界観などと無関係に）根をおろし、固定しているものですが、そのルールの中で、どんな項目をどう配合して行くか（客観的な出来事を中心にするか、意志を持った行為者を主にするか、など）は、言語によって意識内容を表現する時の〈発想〉の型の違いです。そこに生じた社会的な慣用（usage）の差であるわけです。

言語と文化のタイポロジー（typology, 類型論）という観点に立つ池上嘉彦教授によって、「する」言語と「なる」言語の対立という結論が提出されています（『「する」と「なる」の言語学』）。――前者は〈動作主指向型〉、後者は〈出来事把握型〉とも呼ぶべきで、この両者の対立は、「人間言語においてきわめて基本的な傾向」だというのです。

早くから日本人は「なる」という動詞を多用すると評されてきた。人間の意向で事態を左右するのではなく事態の〝成り行き〟に任せるという発想のせいか、

　食堂はあちらです。

と言うところを、

　食堂はあちらになっております。

と言ったり、「料金は一泊〇〇円頂戴します」を「料金のほうは一泊〇〇円となっております」と言ったりします。「六時に閉店します」を「閉店は六時となっております」と言い、「これは地元でとれたイワナです」を「こちら、地元でとれましたイワナとなっております」とまで言います。「私達結婚シマス」という挨拶状を「私達結婚スルコトニナリマシタ」としたり。すべて人間に先行して客観的事態が成立していて、人間はそれを与えられるという発想です。

　そして、日本語が「なる」言語の類型に属することは、オ読ミニナル式の敬語表現をも含めた日本語の表現法と、例えば次のように広くつながりを持っています。

　“Thank you.”（私はあなたに感謝する）に相当する日本語は「ありがとう」ですが、自分が感謝する行為を表現せず「めったにない（感謝すべき）ことです」と言う。人間に焦点を当

てず事態全体を描写対象にするのです。また、英語の"A happy new year"は元来はその前にI wishのついたもので発言者が願望することを叙しますが、日本語なら「おめでとうございます」であって、慶賀すべき（めでたい）事態が先に存在すると、客観描写に徹するわけです。

英語その他のインドヨーロッパ諸語の表現が〈行為叙述〉型ならば、日本語は深く〈状態叙述〉型に傾斜している言語で、全体としての凹型文化を強化支持する役をしています。

「する」と「なる」を文化のタイポロジーに照らせば…

では、一般に、「する」的言語と「なる」的言語の差が、顕在的な言語外文化の差に関連するのか、どうか？

池上教授は、言語のタイプと併せて、言語外の文化のタイプに言及しています（前出書）。文化のタイポロジーからすると、

分析的思考対非分析的把握、人間中心の哲学対自然中心の哲学、積極的行動様式対消極的行動様式、個人主義対集団主義……


といった特徴が浮かび、それらは「する」的と「なる」的、すなわち〈動作主〉指向型と〈出来事全体〉把握型の対立と相関するように見える、という。これこそ興味をそそる指摘です。

ただし、池上教授は、「実際に相関関係がありうるかどうか」は、「もはや言語学の範囲を遥

かに越える問題である」として慎重に判断を留保されましたが、少なくとも日本語と日本人に限って見ると、第一部で見た日本文化の諸傾向は非分析的・自然中心・消極的行動様式・集団主義……の側に属し、その総和としての凹型文化の中で「なる」型表現が常用・頻用されているわけです。双方が一体を成しているとする見方に無理はないと考えます。ただ、双方がフィードバックして相関関係を深めてきたにしても、元来はどちらが因でどちらが果であったか、因果関係の深奥を突きとめることまでは、もっと考察を重ねた上でないと出来ません。それだけに今後に残る興味も大きいのですが、日本民族のコア・パーソナリティーに「なる」的な感覚がすでに宿っていたという観察との結びつけは捨て切れないものがあります。

◎利益態の発達と「人情の向上」

〝授受動詞〟と呼ばれる一群があります。「やる」「くれる」（敬意を含むと「あげる」「くださる」）、そして「もらう」（「いただく」）——英語なら give 一語を能動態と受動態に使い分ければすむものが、このように分かれています。

その授受動詞が、いわゆる補助動詞になって、……てやる・……てくれる・……てあげる・……てもらう・……ていただく等々になった時、松下大三郎『改撰標準日本文法』に集大成された〝松下文法〟に言うところの、動詞の相の一つである〈利益態〉が生まれます。文法的慣用の一部です。「利益態は動詞の一相であつて其の作用が或る人の利益となることを表すものである」「利益態は日本人の思遣の深いといふ国民性が国語の上に現れたものである」（同書）――これぞ言語文化の適例です。松下教授は、平安朝までは利益態が不十分であったのが中世以後十分発達したことは「人情の向上である」と満足の意を表明しました。〝日本的なもの〟形成の②の時代（一五九ページ）と発達の時期が合致するのも無理はない、と感じられるところです。

そして、利益（時には害）を与える者が自分なら「自行」、他者なら「他行」とし、利害を受ける者が自分なら「自利」、他者なら「他利」として、次のように基本の態を立てます。

他行自利態……あの方が傘を貸してくれた（てくださった）。／明日天気がよくなってくれればいいがなあ。／あの先生が子供に英語を教えてくださる（てくれる）。……子供は自分ではないが自己側のものを自己化して考えるから「自利」になる。その人の身になって考えればその人がその場合の自己。

自行他利態……せっかく忠告してやったら（てあげたら、てさしあげたら）かえって怨まれた。／あの人が読みたいというから貸してやった（てあげた）。／あまり憎らしいからなぐってやった。

自行自利態……私はあの人に傘を貸してもらった（ていただいた）。／是非あなたに賛成していただきたい（てもらいたい）。……「傘を貸す」はあの人の動作だが「もらう」の主体は私で、利益者も私である自行自利態になる。

他に恩恵を与える響きを持つ「あげる」「やる」は必要ない限り使わないほうがよい、という注意の後にいわく、

世間には往々人に頼む時には決して「呉れる」「下さる」を使はずに「こうなさい」「あゝなさい」と云ひ、自分が人の為にする時には欠かさず「遣る」「上げる」を使つて「こうして上げませう」「あゝして上げませう」と云ふ人が有るが、これは自己の我儘な思遣のない性格を暴露するものである。そういふ人は大いに言語の修養に力める必要がある。

（松下、前掲書）

この学者独得の言語運用訓などがあった後、利益態をつないで第二次的第三次的の利益態が層を成して生ずるさまが活写してある、このあたりは松下文典の醍醐味です。

あの人があなたに英語を習いたいと申しますからどうぞ「教えてやってください」……自行他利的他行自利態

あの方がご自慢の料理法を是非あなたにご伝授致したいそうですが、ご面倒でも「教えて

もらってあげてください」……自行自利的自行他利的他行自利態

こんな複雑な利益態を生むことも可能なのは、日本人の対人意識のデリケートさの反映で、それを反映させ得るような単語連結法の性格が日本語の文法装置の一部としてあるからです。

迷惑の受身を「妙用」する日本人

こんな面を照射することの妙を示す松下教授は、いわゆる受身の形の中に「人格的被動」のカテゴリを立て、それが三上章文法などに承け継がれて〝迷惑の受身〟の称が広まりました。

小児が蜂に刺された。（自己被動）／小児が蜂に顔を刺された。（所有物被動）／妻は夫に遊ばれた。（所有物自己被動）／雨に降られた。（他物被動）

英語や漢文の受身は自己被動と所有物被動だけだ、とする松下教授は、

消防隊はぐずぐずしている内に軍隊に火事を消されてしまった。／お前はどうして入学出来ないか。よその方にばかり及第されてくやしくはないか。

という例を挙げ、日本語の受身表現の方式は完全だ、「こんな妙用は日本語の独特である」と悦に入りました（インドネシア語などではもっと自在に「妙用」できるそうですが）。

利益態と言い迷惑や受益の受身と言い、それが多用・常用されるのは、常に他者との関係、利益の授受や優劣を気にする日本人の感情的反応の微妙・鋭敏さが文法構造（の根幹ではない部分）に反映されたもので、まさに日本語文化の粋？　と言えるでしょう。

使役態が利益態と結合した「…させていただく」の多用・濫用が前から耳につきますが、歩きながら携帯電話をかけているサラリーマンが、

ハイハイ、わたし、いま青山一丁目です。これから地下鉄に乗らせていただきますんですが……ハイ。そちらへ向かいますんで……

と言うのを聞いた時は、目の色をうかがい鼻息をうかがう対人行動が身につきすぎるとこんな風になるのかと驚きました。松下流言語運用訓ではどんな「修養」が説かれるのでしょうか。

◎了解の共鳴、人情の共鳴

後置詞（テニヲハ）を付着させる言語に属する日本語は、カナメになる動詞（用言）によって叙述のしめくくられたセンテンスの末尾に付くテニヲハ（文末助詞）をも持っています。これは発言者の主観をそのまま表明するので、文末には判断や感情、特に感情が濃淡のニュアンスを伴なって現われます。同じ後置詞でも、主格・所有格・目的格などを表示するガ・ノ・ヲの類が担う意味の客観性などとは違い、際立った主観的色彩を示すのが文末助詞です。

まめやかの友には遥に隔たる所の有りぬべきぞ侘びしきや。（徒然草）

忍び給ひけるかくろへ事をさへ語り伝へけむ人のもの言ひさがなさよ。（源氏物語）

主《ぬし》しらぬ香こそにほへれ秋の野に誰《た》がぬぎかけしふぢばかまぞも。（古今集）

おれに限ってそんなことで出まかせなんか言やあしないぜ。

するとどうやらその話は本当らしいな。

本当にそうなら恋なんかしてやるもんかって思っちゃうわよね。

松下文法では文末助詞の添えられたセンテンスは〈感動態〉と呼ばれますが、とりわけ日本人の対人意識との関連で重視されたのは〈了解（人情）の共鳴に関する感動態〉です。自己内感動に止まらず相手に持ちかける文末助詞もまた古語よりも中世から近代にかけて発達したとして、口語の「ね」「な」などの多用を、日本語の人情語的な本領だと賞揚したのです。事実、日本人の生活で、ネ・ナ・ヨ・サ・ワ……などが対人関係の潤滑油になっていることは疑いありません。

劇作家宇野信夫氏の回想文にある話です。――戦前の名優、十五世市村羽左衛門が、宇野氏作『春の霜』で、切腹の前の赤穂浪士を預かった松平隠岐守に扮した時のこと。ついに切腹の沙汰があったのを悲しんで、家臣たちに「今日は殊更に心をつけ、疎略なきようにはからえよ」と言い残して悄然と自室へ去ろうとする。

羽左衛門は稽古中に、

「はからえよ、の下に（な）と一ト言いわせてください」と言った。つまり、

「今日は殊更に心をつけ、疎略なきようにはからえよ、な――」と言うわけである。文字ではあらわすことが出来ないけれども、此の（な）の言い廻しの旨さといったらなかった。あの鼻に抜けるような、（にゃあ）とも聞こえる言い廻し方は、まだ私の耳についている。

この（な）一ト言で、羽左衛門は立派に、情ある松平隠岐守になった。

（『私の戯曲とその作意』）

日本人の人情好みにマッチするいい話です。助詞の「な」一語が、日本的言語空間の現出にアジなはたらきをしたのです。日本語の構造の中にそもそもこの種の単語が備わっていたところへ、それの運用を思いついた名優の才覚がキラリと光った舞台でした。

第三章　日本語の運用に見る文化（その一）
――言語表現の発想法

◎民族的口癖――常用語句・頻用語句

言語を運用すればメッセージが生まれ、長短大小、多様多種の言語作品（一七ページ）が形成されます。その作られ方こそ民族的特彩の出やすいものです。

話したり書いたりする言語運用で、耳につき目につくのは〝民族的口癖〟とも呼ぶべきものです。チェコ人は何につけても「最大の」が口癖で、あげくには「二番目に最大の」とまで言うそうです。

日本人の口癖の一つに〝注釈の前置き〟があります。

自慢じゃないが若い時にはそう捨てたもんでもなくって…

言い訳になっちゃいますけど、お借りしたお金をお戻ししようとした時あいにくと…

お気を悪くされると困るんですが、口さがない連中の噂もあることですし…

漱石先生の言い草じゃないが、智に働けば角が立つ、情に棹させば流される…

「お言葉を返すようですが」は角を立てない知恵の所産。前置きの中には挨拶の決まり文句として固定したものもあります。「不つつかではございますが」「至らぬ点も多々ございますが」「浅学菲才、不適任とは重々自覚致しますが」「以上はなはだ簡単とは存じますが」……。道徳意識の章に述べた、謙遜、へりくだりの文化と相互助長の関係にあるものです。

顔色を見、鼻息をうかがう対人意識が生んだ民族的口癖は、断定を避ける文末です。…デアルと思っているくせに…デアロウと書く論文の文体。思ウではなく思ワレル・思エル…と自然可能の形にしてしまい、主張があるのかないのか判然とさせない。日常会話に歯切れの悪い言いまわしが頻出することは七四ページに既述の通りです。公的発言で相当強い非難の意味をこめて「イカガナモノカと思います」という民族的口癖が定着したのも、さわやかでない言語文化です。「ほのめかす」に相当する単語を持ち合わせないらしいドイツ人などには、奥歯にもののはさまったような日本的文体はすべて durch die Blumen sagen（遠まわしに言う）式の言い方ばかり、と映じるかもしれません。

せめて・さすが・いっそ・どうせ・なまじ――これらの語は外国語に訳しにくい。まことに日本語らしいユニークな存在で、独自の意味範疇を形成し異言語では空白の範疇になっていると見られます。独自の存在として〝意識の中の辞書〟に備蓄されるこれらの語には、絶えず出番があります。

どうせ二人はこの世では……
いっそ家出したままでいてくれたら……
さすが前の年の新人王だけありますね。
なまじ理論的な説明みたいになってるもんだから、素人はケムに巻かれて。
せめてもう一花、咲かせるようにしてやりたいもんだ。

板坂元『日本人の論理構造』などで早くから言われてきた、いかにも日本人らしい言語的文脈（verbal context）の作り方で、この種の文脈そのものが、日本人と日本語による言語文化の一つであり、「どうせ」以下が日常の常用語・頻用語・愛用語であるところに日本的精神空間の面白さがあります。

ユニークな存在と言えば、渡辺実教授によってかつて〝注釈の副詞〟と名づけられた一群も同じです。

おかげさまですっかり元気になりました。

さいわいに当選のあかつきには全力をつくしまして…

あいにく皆出かけておりまして…

この連続線上に、

さぞかし皆様お喜びのことでしょう。

わざわざお出ましいただいた上にご祝辞まで…

むざむざ引きさがるわけにも行くまい。

せっかくここまで来たんだからちょっとだけでも顔を見て行こうよ。

など、主観的評価や感情が先頭に立ってセンテンスの先導役をする語は大層豊富です。

昭和四十年前後、大相撲の審判をつとめていた陣幕親方（元幕内力士島錦）が場内説明をすると「残念ながら軍配通りで西方力士の勝ち」などとやって笑いを呼んだものですが、これも日本風の〝主観的注釈〟癖が無邪気に出てしまったものでしょう。

前の章で「なる」言語と「する」言語の対比にふれましたが、自《おのずか》ら然る「なる」的表現の多くも常用語句の例に加えられそうです。あるいは、絶えず指摘される「すみません」「(何分)よろしくお願いします」「お世話になります」「頑張ります」「何となく…」「そろそろ」「まずまず」「まあまあ」……も勿論、民族の口癖を成す常用・頻用語句です。

●修辞の感覚――民族的文体論の視点

「文は人なり」と言います。ビュフォンは「文体は人なり」と言い、セオドア・ハントは「人は文体なり」と称してもよいと言いました。

個体人に文体（談話・文章にわたっての言いまわしの好み・癖・型）があるように、集団にも文体があります。文化を担う集団の基本単位として民族を取りあげているこの本の立場で言うと、「文体は民族なり」「民族は文体なり」というテーゼが成り立ちます。

サピアは「世にある言語の数と殆ど同数の文学上の文体の自然の理想があるのだ」（『言語』木坂千秋訳）と言いましたが、文学上の文体とは限らず、言語共同体ごとの〝社会的発想〟に伴う言いまわし（レトリック）の好み、文体感覚があることはたしかです。その一端は民族的口癖の項にも示しました。ここに、言語文化研究の一部として民族的文体論という立場が成り立ちます。オイゲン・レルヒという学者が「文体論を介しての国民性論」を提唱してからはもう七十年経ちました。

フランス人の民族性を評したことばに「文辞の美を了解する特色を持っている」（F・ロリエ）というのがあります。フランス人の全部が全部そうでないとしても、言語感覚の鋭い民族だ、言語運用の才がぬきん出ているというのが定評なのでしょう。

大正年間、パリの日本大使館にいた芦田均書記官（後の首相）のスミ子夫人は美貌の人として今も伝えられていますが、夜会に出かける新婚の夫人を見たフランス人の大使館員が、

今夜の奥様を見たら誰でもさらって行きたくなりますよ！　(Madame, à voir madame de ce soir, tout homme sera tenté de vous ravir!)

と言ったのなどは、かれらには日常のことかもしれないが、華麗なレトリックの連続となれば日本人はついて行けそうにもない。

美貌で有名なデヴォシャン公爵夫人が馬車からおり立った前で、パイプに火をつけかけていた掃除夫が言った。「お美しい奥さま！　あなたのお目でこれに火をつけてください！」――おりあるたびに「ゴミ屋は詩人です」と彼女はくり返し、そのうれしさを忘れなかったという話もあります。

それで連想するのはアメリカ映画『カサブランカ』のセリフ「君の瞳に乾杯！」ですが、あれはバーグマンに言ったハンフリー・ボガードの原セリフは“Here's looking at you, kid.”で、邦訳のほうがむしろバタくさい華麗なレトリックに変えてあったのでした。人口に膾炙したものです。

〝歯の浮くような〟やりとりを恥じるシャイな日本人は、真情の表現をおさえます。凹型で

す。映画『夜の河』（沢野久雄原作、田中澄江脚色、吉村公三郎監督）の一シーン、京都から東京へ向かう舟木きわ（山本富士子）が夜汽車の食堂で竹村助教授（上原謙）と偶然一緒になる。実験に失敗して落胆している上原に山本富士子が言います。「先生が一番がっかりしておいやす時に、おそばにいられて嬉しわ……」――静かに心に沁みる日本女性の愛の表現、ぐらりと来ます。

もっとも、古代の日本には相聞歌があり、平安朝には贈答歌があった。文辞の美をつくせば、中には絢爛華麗のやりとりが照れもせず行われる場面も生まれたようです。言いかけの歌「あかねさす紫野ゆき標野ゆき野守は見ずや君が袖振る」（額田王）は「修辞の限りをつくして、華やかな情緒をかもし出している」（山本健吉・池田弥三郎『万葉百歌』）。和《こた》え歌「紫の匂へる妹を憎くあらば人妻ゆゑに我が恋ひめやも」（大海人皇子）は相手の「紫」をそのまま取った「当意即妙」（同書）の歌。けっこうキザなやりとりだったようです。

◎翻訳者の悩みと生きがい――民族的文体の差

民族的文体の差違が際立って明らかになるのは翻訳の場合でしょう。

北條文緒教授（『翻訳と異文化』）によれば、例えば馬場あき子女史の短歌の英訳“Heavenly Maiden：Tanka”の中で、「砥ぎてもつ厨《ちゅうとう》刀青き水無月や何わざの果て妻《め》とはよばるる」の、「何わざの果て」以下はこう訳されている。for the kind of work / I am called just a wife

北條教授の評では、意味のずれは一目瞭然だが、「よくよく考えると英語ではこう表現するほかなく、」（同書）とあって、言いまわしのパターンのずれ、つまりは言語運用の型（usage）のギャップのじれったさが感得されます。「水無月や」は“ah! it is June”と訳してあり、結局「平凡な詠嘆」（同書）になっていると評されています。

外国語訳という鏡に写せば日本語のレトリックのニュアンスを写し出せる限界が浮き出て、そこから日本語的表現の特質が理解される。ここに引いたのはその一端にすぎませんが、言語の構造の差に加えて、使い手の集団的文体感覚に開きがあることから翻訳という仕事の難しさが生じます。その制約の中で、ある言語の文体で書かれ（話され）たものを他言語の文体感覚で読み手（聞き手）に受け止めてもらうには、翻訳者は両言語のセンスを身につけ、そしてそれを使い分ける人でなければなりません。

外国映画のセリフを日本語の字幕に移す作業などもその一つで、字幕スーパーの日本語には翻訳者のセンスが示された例として語り草になるものが数多く生まれます。先にあげた『モロッコ』の「気がかわった」も、こなれた日本語に移された一例ですが、同じ昭和初期、しかも同じゲイリー・クーパーの主演作『市街』のセリフ“No hard feelings!”を、内田岐三雄氏は「悪く思うなよ」という字幕にして、祇園の芸妓までが気軽に口にする流行語になりました。字幕のセリフで「ほんとうの意味の街の流行語になったのは後にも先にも『悪く思うなよ』ただ一つであると私は思っている」（清水俊二『映画字幕《スーパー》五十年』）。

清水氏の愛弟子、戸田奈津子女史の活躍は有名ですが、戸田さんが字幕翻訳者を志して清水氏のテストを受けた時、クラーク・ゲーブル、マリリン・モンロー、モンゴメリー・クリフトの豪華競演『荒馬と女』のセリフを訳させられた。“It's brand new, you know. She ought to get a very good price for it.”（ほら新車なのよ。いい値がつくようにしてあげてね）の部分を、戸田さんは字数を考えながら、

新車なのよ　値をはずんであげてね

と訳した（戸田奈津子『字幕の中に人生』）。うまい！　と合格。いかにも。

「第二国語」（翻訳文体）の是非

明治の文明開化と共に欧米語の文章が輸入され、先人たちの翻訳の苦心は想像を超えるものがありました。こなれた日本文になり切るものばかりとは限らず、原文直訳風のぎこちない文章をはじめ、原文の名残りをとどめた文章が生まれたのはやむを得ないことでもありました。ここにそれまでなかったスタイル（翻訳文体）が生じ、折口信夫教授（歌人釈迢空）はその種の日本文をやや比喩的に「第二国語」と呼びました（釈迢空「詩語としての日本語」）。

翻訳でなく最初から日本語で書いた文章でも、欧文翻訳的スタイルでしか書かない学者や知

識人が多くなり、山田盛太郎教授の文章（二一〇ページ）のような〝第二国語〟をまた超えた類の言語作品も生産されたものです。「物に即して考へる理窟と、天馬空を行く理窟とある。後者には全く困る」（福原麟太郎『英国的思想』）と言われた、全く困る理窟が氾濫したものですが、あんなことになったのは大正期に独墺風の文章が尊重・崇拝されるようになったせいだ、と慨嘆する長谷川如是閑は、平明なアングロサクソンの文化にふれていた明治期はもっと思考・表現が常識的で健康だったと強調します（二一八ページ参照）。

たしかに、イギリスの哲学の文章などは日常語でほとんど書け、難解・晦渋な専門用語や文体は不要と言われます。それでも、谷崎潤一郎は、英文の小説を読むごとに「西洋人と云ふものは分かり切つた手順を馬鹿ていねいに記して行くので、そのために非常にまどろっこしい」「(西洋文は) 小説の描写なども不必要に念が入り過ぎ、細かすぎる傾きがあって、そのために却つて鮮明を欠き、印象が稀薄になる。(中略) 必要がなければ人物の名前なども記さない方がよく、伊勢物語の『昔男ありけり』で沢山である」(「現代口語文の缺點について」) と言ってのけました。

「第二国語」の持つ違和感をなくそうとする苦心は、洋画の字幕などにも示されたところですが、ヨーロッパ語による詩を日本語の薬籠中のものとして練りあげ磨きあげた代表例は名にし負う上田敏『海潮音』です。

カール・ブッセの「山のあなたの空遠く…」もヴェルレーヌの「秋の日の／ヴィオロンの／ためいきの／身にしみて／ひたぶるに／うら悲し」も上田敏訳で人口に膾炙し、『海潮音』がフランス象徴詩（その他）の紹介を、訳詩とはいえきわめて甘美な魅力を備えた、十二分に創作的価値をもった名訳、当時の詩壇にお手本となった実作をもって示した……」（三好達治『現代詩概観』）と讃えられたものです。

しかしまた他面、「上田敏さんの外国詩に対する理会と、日本的な表現力は、多くの象徴詩などをすつかり日本の詩にしてしまつた」（釈迢空、前出）という評もあります。

流れの岸の一もとは
み空の色のみづあさぎ
波ことぐ〵くちづけし
波ことぐ〵く忘れゆく

この訳詩などを引例して、折口教授は「飜訳せられる対象は、勿論文学であるけれど、飜訳技術は文学である必要はない。飜訳文そのものが文学になる先に、原作の言語的理会と、その国語の個性的な陰翳を没却するものであつてはならない。上田敏さんの技術は感服に堪へぬが、文学を飜訳して、文学を生み出した所に問題がある」（前出、傍点引用者）と言うのです。

日本語化しすぎるよりも原語の個性的なニュアンスを残すべきだ、つまり翻訳は「第二国語」であってよい、と注文をつけたことになります。

さすがは翻訳に対する一家の見識です。ただしそうなると、テレビのコロンボ警部が「ウチのカミさんが…」とか「ホトケさんは…」とか言っているのも額田やえ子女史の訳がうますぎて、アメリカ文化が伝わってこない、ということになるのでしょうか？　それはまた別の問題でしょうが、サマセット・モームの小説“Of Human Bondage”が邦訳『人間の絆』と題されたことに対しては、こなれた日本語なら『浮世（人の世）のしがらみ』といったところではないか、という評がある。それも和風に直しすぎで少しぎこちないぐらいが原語の個性的な陰翳が残る、という意見が出るかもしれません。

夏目漱石は『三四郎』で、ハムレットを観劇した三四郎に、セリフの日本語訳についてこんな感想を言わせています。

> 西洋語を日本語に訳した日本語である。口調には抑揚がある。節奏もある。（中略）文章も立派である。それでゐて、気が乗らない。三四郎はハムレットがもう少し日本人じみた事を云つてくれればいいと思つた。御母《おつか》さん、それぢや御父《おとつ》さんに済まないぢやありませんかと云ひさうな所で、急にアポロなどを引合に出して、呑気に遣つてしまふ。

王子ハムレットが、オッカサン、ソレジャオトッサンニ済マナイジャアリマセンカは奇抜ですが、漱石の含意は何だったのか？　三四郎の友人佐々木与次郎に“pity's akin to love”を「可哀相だた惚れたって事よ」と訳させた漱石は、コロンボ警部のように「日本人じみたこと」を言えば満足のようでもありますが、一方で各民族に固有の精神様式（Geistesart）の、その面影をセリフにも残したい要求にも意味がある。原語文化とバランスをとった日本語訳というのはなかなか重い課題ではあります。

◉民族的文体の重層的形成

日本民族は二十何世紀もの歴史を経る間に、外来の文物を受容し、吸収してきました。日本語の語彙の構造を見ても、固有語すなわち和語（ひ・つき・やま・まこと・みやび……）をベースにしながら漢語（仁・義・礼・修養・知識・主権……）、欧米系の外来語（フィロソフィー・モダン・ドラマ・コンセプト……）を上乗せし、和・漢・洋の重層的構造を作りましたが、このような複合性は、日本民族の旺盛な吸収欲と消化力の所産です。

日本の民族的文体も、文化が複合し重層化したプロセスを反映しています。――輸入した漢字しか文字のなかった時代の「変体漢文」（古事記・万葉など）から、仮名の発明と共に創出された「和文」（枕草子・源氏物語・徒然草など）、漢文訓読によって生じた句法を和文に摂取した「和漢混淆文」（平家物語・方丈記など）と、吸収消化によって民族の文体は豊かさを増しました。江戸時代の文語文、明治以後の文語文の後に、文体の革命が起きて言文一致体の「口語文」が発明されました（その中の一部に欧文翻訳体があって折口教授の〝第二国語〟の命名をも呼びました）。

この多様性・重層性こそ言語表現を含む日本文化の強みです。「絶えず異質の要素が流れ込んで、そして一つの新しい文化を形成して」来た過程を、支流の流入によって一つの大河が形成されるありさまに見立てた時枝誠記《もとき》教授は、それをとらえた型を「河川図式」と名づけられました（『国語学原論　続編』）。

日本語の語彙や文体に見られる支流の流入の大きなものは、漢文の伝来と、近代における欧文の輸入ですが、渡来した漢文に返り点・送り仮名の類を用いて日本語読みを発明し（漢文訓読）、ここに、簡潔・雄勁の新しい日本語文体が生まれたのはすでに〝第二国語〟の参入でした。〝第二国語〟は折口教授に従って明治以後のものに限定せずともよく、大小幾多の〝第二国語〟的文体が生起して民族的文体の大河を成した、長大・壮大な交響楽が日本民族の文体史です。そして、民族的文体には話体（談話のスタイル）が含まれることを見忘れてはならず、また、文芸レベルに限っては和歌・俳句、特に俳句という世界最小（？）の短詩形を有するのも、わが民族的文体の一側面です。

伊藤整氏（『文学入門』）は、絵画にたとえて、漢文や韻文は輪郭を強く描く線に似て道徳や社会秩序の強い表現に向き、柔軟で弾力的な会話体は感覚性や肉感性を示す色の働きをすると説きます。多様な文体の史的蓄積を現代に生かせば日本文を豊かに、ダイナミックにします。

◎民族的心象風景と内在律

日常会話にも日本的常用語句・愛用語句が頻繁に出てくることはもう述べましたが、文芸やそれに準ずるレベルの言語作品、例えば歌謡や韻文学、あるいは戯曲のせりふなどにも、しばしば登場する常用語句があります。そして、それらがまさに民族的文体の重要な要素になるものです。

例えば西行や藤原定家の歌には「秋の夕暮」が詠まれています。それは宗教学者山折哲雄教授が説かれる日本人伝統の〝落日信仰〟に結びつけて理解できるもののようですが、国文学者西村亨教授（「末流のうた」―『日本語講座』第二巻）によれば、この秋の夕暮は、それを心の奥深くとらえようとする〝幽玄〟の歌風の重要な題材となるもので、次のような形で日本人の言語文化の伝統になっている、ということのようです。

すなわち、これがまず連歌を経て俳諧に受け継がれ、俳句の世界では「秋の暮」という季語に定着する（「この道や行く人なしに秋の暮」など）。そしてこの水脈が民衆の生活の底流にもなっていて、歌謡曲にも「花摘む野辺に日は落ちて」「紅い夕日がガードを染めて」（『ガード下の靴磨き』）「赤い夕日が校舎を染めて」（『高校三年生』）……などと生き続けてきた、というのです。そう言われてみれば、西村教授が例にあげられた高峰三枝子歌う「水に黄昏迫る頃……いつか涙の日が落ちる」（『湖畔の宿』）も、渥美清が歌った「今日も涙の陽が落ちる」（『男はつらいよ』）も、たしかに共通の水脈に発したものでしょう。

このような常用語句があり、それに相伴なって形成され固定される心の境地があります。いわば〝民族の心象風景〟です。俳句の季語（季題）もそれと一体のものにほかならず、歳時記はその心象風景のインデックスとも呼べるものです。

好んで用いられる素材とその表現は、民族的発想（例えば〝落日信仰〟など）と表裏一体のもので、ここにも日本語と表裏して形成された伝統的な精神空間を瞥見することができます。

発想の新鮮さで注目された歌集の「吾を捨ててゆく人が吾の写真など真面目に撮っている夕まぐれ」（俵万智『サラダ記念日』）となると、もはや落日信仰とは無関係でしょうが、どこかに伝統的心象風景の潜像がなかったものでしょうか？

一方、幽玄の歌風とは別の流れで詠まれる「秋」も勿論あります。「うつくしき女なれども小夜子《さよこ》はも凄艶《せいえん》なれば秋にたとへむ」（吉井勇）はむしろ〝いき〟が秋の色を帯びる傾向（九鬼周造『「いき」の構造』）を代表するもののようです。更に目を転じると、春風亭柳昇師匠が軍隊生活時代、病室の窓外風景を詠んだ「誰のもとたずねしことか紫の袖ひるがへし女《をみな》来たりぬ」などは、額田王・大海人皇子の相聞歌を踏んだもののようにも見えますが、ここにも民族的心象風景の一水脈のつながりがあったのか、どうか。

五七五や五七五七七、近代詩にもそして歌謡や諸種のキャッチフレーズなど通俗の言いまわしにも広く根を張った七五調、この民族的リズム感覚の由来も、ここに並べて、民族的文体論の一テーマとすべきことです。歌謡史や日本音楽史とも重なり合うこの問題については、早くは高野辰之『日本歌謡史』に考察があり、西村亨「七五調の根源」（『金田一春彦博士古稀記念論文集』第三巻）にも着想が展開されています。

西村教授は、北原白秋が日本人を「短歌民族」としたのに同感した上で、日本人は文学としての短歌を愛好するばかりではない、「急がずば濡れざらましを旅人の後より晴るる野路の村雨」など人生の哲理も短歌の形にする、「キロキロとヘクト出かけたメートルがデシに追われてセンチミリミリ」と実用知識も短歌の形で記憶する、そんな効用を生活に生かしているほど五七五七七の詩形がわれわれの内面と根深く結びついている、と指摘しました（まさに「日本的言語空間」の再認識です）。そしてこのリズムが日本人の内在律と化したのは、記紀歌謡の中の長歌とその歌いおさめである短歌の影響に根因があり、更に江戸後期の七七七五の甚句形式なども大きく作用したものと推定してあります。われわれを包み込んでいる日本的言語空間の因由の探究として、これは重要な推論です。

◎慣用句とことわざ――比喩の日本的傾向

「立てばシャクヤク坐れば牡丹」――このような比喩はその文化をよく反映します。古く紫式部は『源氏物語』で、紫の上を「樺桜《かばざくら》」に、玉葛を「八重山吹」に譬え、明石姫君を「藤の花」に見立てました。女性を花に見立てるのは日本だけのこととは言えないようですが、植物に親近感を持ち美を見出す日本人の自然観からすると生まれやすい比喩ではあります。遅咲キ・返リ咲キ・散リ際・モウ一花咲カセル・草ノ根ヲ分ケテモ・虫モ殺サヌ・一寸ノ虫ニモ・蝶ヨ花ヨ……などは日本人の親近感の対象を物語る例の一端です。

古代は日本人の比喩には雄大なものがなく、貧弱とさえも言えるささやかな植物・身近な虫や鳥を採った比喩がほとんどだったと言われます（高野辰之『日本歌謡史』）。同書によれば「肉体美を称へたのはあつても精神美を賞でたのはない。固より月花を愛づる思想はなかつたので、月や星を例にしたものは見出されない」。恋に泣くのは鳩が啼く、情緒のしっとりとしたのは寄り来る海藻、人情の厚薄は水の深浅、といった比喩はまあまあと言える部類だろう、ということです。

水の豊富な国土で水に親しむ生活をしてきたためか、後世、「水」を比喩的に用いた慣用句の多くなったのは一特色です。水モモラサヌ・水ヲサス・上手ノ手カラ水ガモレル・勝負ハ水モノ・水モシタタル・水ニ流ス・湯水ノゴトク・滝ナス汗・ヌルマ湯ノヨウナ……。天気への敏感さからは雲行キガアヤシイ・一荒レアル・雨露ヲシノグ…なども。

身体部位の分類と命名が大ざっぱだったことは一八八ページあたりに述べましたが、部位の名を借りた比喩的表現の多いのは、得意の即物的・具体的表現に部位の名が利用しやすかったのかもしれません。目に角ヲ立テル・目クジラヲ立テル・目ノ中ニ入レテモ痛クナイ・目尻ヲ下ゲル・目ガナイ・目ニ物見セ（テクレ）ル・目カラ鼻へ抜ケル・鼻ガキク・鼻ツマミ・鼻（ノ先）デアシラウ・舌ヲ巻ク・舌ノ根モカワカヌウチニ・歯ガ浮ク・歯切レガ悪イ・奥歯ニ物ガハサマル・耳寄リナ話・耳ニタコガ出来ル・首ガマワラヌ・首ヲ洗ウ・肩ガコル・手練手管・手カセ足カセ・腕ニヨリヲカケル・胸三寸・太ッ肚・肚ガスワル・腹ガ立ツ・ヘソガ茶ヲ沸カス・腰ヲスエル・本腰ヲ入レル・及ビ腰・尻込ミスル・コトバ尻ヲトラエル・尻ヲ持チ込ム・足モトヲ見ル・足蹴ニスル・後足デ砂ヲカケル・揚ゲ足ヲ取ル……等々。

日本人得意の比喩で作られた慣用句（idiom）などの例を多く挙げましたが、慣用句という連語の一種は、単語に準ずる存在で、広い意味の語彙の体系に組み込まれた、日本語の構造の一部とも考えることができるものです。次いで目を移すと、それよりは構造的性格の弱い、民衆的文芸と呼びたい言語作品である「ことわざ」が登場します。

ことわざも比喩で出来たものが主力と言ってよい。抽象化・一般化した形で教訓を与える格言に類したもの（「情は人の為ならず」「損して得とれ」など）もあることはありますが、日本のことわざは、一〇六ページにもふれておいた通り、個物を巧みに用いた具体的な描写によって人情の機微や人生の哀歓をユーモラスに照らし出すのが何より得意です。ロー・アングルで人間が人間を見て笑う、川柳にも通じる伝統庶民の芸術です。

蓼食う虫も好き好き・旅は道連れ世は情・棚からぼた餅・猫に小判・鳶が鷹を生む・濡手で粟・のれんに腕押し・糠に釘・盗人に追銭・鬼の目にも涙・鬼に金棒・言わぬが花・背に腹は代えられぬ・青菜に塩・泣き面に蜂・二階から目薬……

この種の比喩は日本語だけのものではないにしても、例えば次のように英語と比較すると、先方には抽象的で味気ないことわざもあって比喩の妙用の点では日本人が上だと感じます。

蓼食う虫も好き好き……There is no accounting for tastes.（趣味は説明の仕様がない）Everyman has his tastes. Everyone to his taste.（人めいめいに趣味がある）

旅は道連れ世は情……When shared, joy is doubled and sorry halved.（分かち合えば喜びは倍加し、悲しみは半減する）

濡手で粟……To make one's fortune at one stroke.（一挙に産を成す）

のれんに腕押し（糠に釘）……All is lost that is given to a fool.（愚人に与えられる物は

皆無駄になる）

女房は台所からもらえ……Marry a girl who is your inferior, don't give your daughter to a superior.（身分の下の者と結婚し、身分の上の人に娘をやるな）

盗人に追銭……Throwing good money after bad.（損失の後からまた大金をつぎ込む）

鬼の目にも涙……Tears from the hardest heart.（頑固な心からも涙が出る）

鬼に金棒……That makes it double sure.（それは確実性を倍にしてくれる）

言わぬが花……Silence is wisdom when speaking is folly.（しゃべって馬鹿を見るより黙っているのが悧口）

「背に腹は代えられぬ」などはじつに具体的。それを英語で言うと途端にいかめしく Necessity has no law.（必要の前に法律はない）となります（もっとも、「法律」という語が簡単に出て来るのと来ないのは、日英の〈法文化〉―一七七ページ―の対照的な違いでもあるわけで、ことわざには〝文化の索引〟性があることを深く覚えさせてくれる一例でもあります）。

◉名づけに見る日本文化

ことわざという言語作品を眺めると、連なって、数え歌や、「ものの始まりが一ならば国の始まりが大和の国。……続いた数字が二。仁木弾正お芝居の上での憎まれ役……」とフーテンの寅さんが啖呵バイでやる数字の言語遊戯なども浮上してきます。更に視野を広げれば、民話の世界、神話・伝説の示す〝日本人らしさ〟（例えば日本神話の人情的性格その他）へと考察が及ぶ順序ですが、ここでは一気に方向を変えて、特殊な存在としてのごく短小な言語作品に目を転じます。人や物の名、名づけに見る日本文化です。

普通の辞書が示す個別言語の語彙には、人名・地名その他の固有名詞などは含まれていませんが、人や物事に名づける時は、語彙の体系から語を採り出し、または新造するという方法で日本語を運用するわけです。その時、俄然、際立つのが〝日本人らしさ〟の諸側面です。

男の子に誠・正義・孝行…などと命名するのは道徳意識の反映で、地元名産の梨に「まごころ」と名づけた地方もあります。人名では女の子には弥生・小春・若葉・小百合…など、自然にやさしい日本的意識を写し出す名前が好まれてきました。

一般に、自然観と美意識が表裏一体になる日本人が、名づけの真っ先に思いつくのは自然の事物で、料理やその材料に「月見」「春雨」「白滝」…、調理法にも「いちょう切り」「半月切り」…などと名づけ、菓子の名は、

松風・時雨・淡雪・夜の梅・汐ごろも・落雁・卯の花餅・うぐいす餅・さくら餅・柏餅

などと風流を競います。各地自慢の銘酒は、

高清水・羽後の月・宮の雪・笹の雪・月の桂・越の寒梅・土佐鶴・花の露・笹の露・小桜・谷桜・若竹

と、やはり自然の美をうたい、列車の愛称も、

さくら・あさかぜ・富士・銀河・こだま・やまびこ・青葉・ライラック・みずほ・雷鳥・しおさい・さざなみ・あさぎり・しおかぜ・あさしお・松風・かもめ

と、自然の美が旅情を誘う伝統が根強くあります。ヨーロッパを走っている「ベートーベン号」「ヨハンシュトラウス号」「プリンツオイゲン号」のように人名を列車名に付けたがることはなく、空港や道路の名に、シャルル・ド・ゴール、ケネディ、アデナウアー、リンカーンなどの偉人が登場するのも日本人の好みには合いません。高松市の中心部に文豪菊池寛の名を冠した通りがあり、道路標識でも見た記憶がありますが、地元の〝通称〟だと聞きました。通称なら東京世田谷にある商店街〝森繁通り〟と同じわけですが、日本的感覚では例外かと思いました。まして台風に一々女性の名を付けるアメリカ流は、まるきり日本人の思いつくことではありませんでした。

映画や小説の題名も元来は自然の情趣が好まれ、テーマと直接関係のない命名が珍しくあり

ません。

晩春・麦秋・早春・彼岸花・秋刀魚の味・浮雲・乱れ雲・晩菊・山の音…

詩歌を愛する日本人は、古典に由来する命名も愛好してきました。もともと雪月花を組の名にした宝塚歌劇は、天津乙女・春日野八千代・越路吹雪…という命名の型を持ち、大相撲の世界でも、引退して名乗る年寄名は、春日野・高砂・立浪・時津風・立田川・片男波・尾車・井筒・花籠…と優にやさしいのです。

「名は体を現わす」と言ってきた通り、地形が細かく分かれた日本では地勢・地形をそのまま反映した地名が多く見られます（一四四ページ）。また「羊が丘」といった体の現わし方はありますが、南部ドイツの片田舎にあるSchweindorf《シュヴァインドルフ》（豚村）のような真っ正直な命名では曲がない、と感じるのが日本的感覚ではないかと思うのですが。まして、現代フルベ人（セネガル）が、生まれた子に、身体的特質のままに、Saada（肌が枯れ木のようにかさついている）、Bodeejo（肌が赤い）などと名づける（小川了「子どもの名づけ―現代フルベ人（セネガル）の命名法」―『言語』二六巻四号）ようなことは、思いも及ばぬ遠い世界の話でしょう。

なお、日本語の名前の付け方一般については『日本語百科大事典』の「IX命名と造語」（玉村文郎編）に詳説があります。

第四章　日本語の運用に見る文化（その二）
——言語行動と言語意識

民族のメンバーが分有する文化には、深い内面的な部分もあれば、外面に現れる可視的なものもあります。外からとらえやすいものは人の行動のパターンです。

行動のうち、言語を用いるものが言語行動（話す・聞く、書く・読む）ですが、その中でも最も外から観察しやすいのは、音声による発信（メッセージの送り出し）、すなわち話す行動です。

●沈黙する日本人

話す行動を中心に、日本人の言語行動のパターンを観察すると、そこには〈凹型文化〉が最も顕在的・可視的に姿を見せていると言えます。——つまり行動が消極的、控え目です。それは、第一部で見た意識構造の中では、対人意識と一体の関係にあり、また、道徳意識や美意識につながる部分もあります。

昭和三十年代のことでしょうか、英文学者福原麟太郎教授が評論家などと四人づれでイギリスに招待された時の話に、その中の一人、評論家K氏（経済学士）の逸話が書いてあります。
……ある夜、英国の若い詩人たちと会食したあくる日、その詩人の一人が私に向って、Kさんにもう一度会わせて下さい。是非うかがいたいことがあるのですとたのむのです。私は不思議に思いました。K君は、日本語ですら口数の少い人ですから、その会食のときなど、その若い詩人におそらく二十語も話さなかったと思います。しかるに、それがよほど意味の深い言葉であったのでしょう。もう一度是非お話をうかがいたいという。そうなると英語のうまいまずいではありません。思想感情の深さ高さでしょうが、とにかく、そういうことがありました。

（福原麟太郎『人間・世間』）

口数少くして他者を心服させる——これぞ日本人好みの、いい話です。「不立文字」の美意識にかなっています。

この場合は英語を用いていても話したのが日本人ですから「日本人の」言語行動にはちがいありません。但し、この場合は非常に高度の内容が語られたこと、先方がやはり含蓄とニュアンスを重んじるイギリス人だったことなどの特別の事情があったことはありました。

それとは条件の異なる場合はどうか。直塚玲子『欧米人が沈黙するとき』に、アメリカ留学中の経験が記してありますが、パブリック・スピーキングの授業が議論・討論の段階に入った時、自分で考えていたことを言うより前に、米人学生が言ってしまう。同じことを繰り返すのは能がないと思って発言しなかったら、途端に米人たちの侮蔑の対象にされてしまった。その原因は討論の間に黙っていいたことだったとあります。「彼らにとっては、ことばで表現されたものだけが、価値をもっている。心に思っていても、口に出さなければ、無に等しい」。

ドイツ人女性のグループと交流した西部恭子さんも、話さないとバカと思われるだけでなく、ミーティングなどで発言しない日本人は不気味に思われていた、そこで何でもいいから口に出して言ってみたら、次の日からドイツ人は急に親しげな態度に変化した、と報告しています。やはり口に出すことが第一――これが欧米人一般の価値観・言語行動観です。

◎凹型言語行動の根強さ

日本人はそれと違った価値観の中に生きてきたため、公的・私的どちらの場面でも欧米人並みには行きません。

ディベートの時代などと言ってみるものの、平成十二年に始められた国会の党首討論も線香花火のような口論でしかなく、何年経っても深められる気配がない。政治家の教養不足・内容空疎にも原因はあるが、海外のテレビにもそのまま映っていると聞くと、はらはらします。

口数の多さよりも含蓄の深さを重んじているイギリス人でも、いざという時は身がまえを変え、世界に政党政治の範を示したクェスチョン・タイム（党首討論）の先駆国となりました。

フランスのミッテラン大統領は来日して国会で演説した時、予定時間を四十分もオーバーするほど、「語りかけてやまぬ」姿勢を示した。日本の政治家は、あれとは全く縁の遠い世界にいて、メッセージを発する意欲も気迫も足りません。

政治家の示す政治文化は、〝常民〟の日常に見る言語文化の反映にほかなりません。例えば渡辺吉鎔教授いわく、「日本人が秒単位のけんかをするというのなら、韓国人は時間単位の長期戦をくりひろげるといっても過言ではない」（『朝鮮語のすすめ』）——言い合う根気がなく腕力に走ってしまう日本人と違い、延々と言い合い、ことばだけで勝負しようとするのが韓国人。発言するエネルギー、根気が日本人とは全く違う。フランス人やイタリア人、ドイツ人などの日常を見ても、日本人とはまるきり異質の凸型発言文化を感じます。

もっとも、日本人は発言が嫌いかと言うとそうとは限らない。年賀状のやりとりといった社交儀礼にはきわめて熱心です。また責任のない世間話、他人の噂などには大いに熱中します。「話に花が咲く」日常の場面は多いのです。ところが、在日の外国人留学生たちが「日本の学生は趣味とかレジャー、旅行の話はよくするのに、国際問題とか国内政治の議論になると何も話さなくなる」と評するように、論理を要し、対立を生じそうなテーマには沈黙します。

〝新人類〟と呼ばれる世代は前の世代の文化と断絶しているように思われていますが、口数はともかく、ものの言い方に迫力がなくなっているのは伝統の凹型文化をむしろ徹底させているものです。乗り物の中で若い者が席を譲らないのは親切心がない、自分勝手で生意気だ、ともっぱら評されるが、かれらの中には、「どうぞ」「かわりましょう」と声を出すのが恥ずかしくてモジモジするばかり、という者もいるらしい。消極発言文化はああいう場面でも再生産、強化されているらしいのです。

何年か前、缶コーヒーのコマーシャルにこういうのがありました。ビジネスマンらしい日本人男性が、「グローバルとか何とか言ってるけどねえ」、日本人というのは意気地がなくてダメなんだ、というようなことを言い、「おれだったらガツーンとやっちゃうよ、ガツーン！　と」とリキんでいるところへ、クリントン大統領のような白人が出て来る。キミの意見を聞こうじゃないか、Tell me! と言われると、ビジネスマンは途端にガクンとうなだれて言葉を失う——どこまでも発言には（とりわけ対外発言には）臆病な日本文化を巧みに描写したコマーシャルでした。

●「世界有数の話し下手」を苦にせず

発言一般について消極的な上に、発言の工夫をしない、相手の心を開かせる誘導や説明・説得が下手でも劣等感の因にならない。これが特徴的な点です。

言語行動は、独り言などを除けば一般には対人行動です。つまりコミュニケーションです。コミュニケーションとは、やりとり・伝え合いです。自・他のダイナミックな関係を通して人の心に影響を与え合う行動です。Ｄ・Ｃ・バーンランド『日本人の表現構造』（西山千訳）には、「相手を変えるため」の行動がコミュニケーションだという見方が表明してあります。

　そこが日本人は違う。談話も文章も、もっと通り一ぺんです。通じるか、通じたか、と心を読みながら話したり書いたりする意識がとぼしい。双方のフィードバックに無関心で、独白的です。第一部第四章に述べた、内容がわからなくてもかまわない、理解できるように話せ（書け）と要求しない聞き手（読み手）のコミュニケーション意識の稀薄さも、ちょうどそれと表裏の関係にあります。

　千万語を費すより二言三言で理解が成り立つのが高級な表現だ、という哲学は否定しがたく、言いつくさなくても余白（行間）を読め、それで解らないやつは放っておけ。以心伝心の哲学・美学は意識下に深く根を張っています。弘前大学に留学していたルーマニアの一女子学生は、以心伝心の会話の「間」を読み、味わうことを会得して後は、余情の言語空間の心地よさに浸ったということで、そこまで深く日本文化に同化してもらえれば嬉しい限りですが。

　新藤兼人監督が、まだかけ出し時代、神様のように仰ぎ見た巨匠溝口健二監督に自作のシナリオを提出して読んでもらった時。読んだ脚本を返しながら巨匠は一言、「これはシナリオじゃありません！　ストーリーです」――新藤青年はその衝撃に頭の中が真っ白になって溝口邸から退散したそうですが、新藤青年の場合は、説明してくれない神様のメッセージを反芻してその意味を考え理解する力があったからよかった。巨匠も神格化された。二人とも損はなかった。しかし一般にはそうは行きません。わかる者にだけわかればいい——この文化の中では「あの人は説明が上手だ」というほめ言葉はほとんど聞かれません。政治家、教師、医師、弁護士、カウンセラー、コンサルタント、各種機関の窓口など、説明の能力でわからせなければならない職業はどれほど多いか知れないのに、説明上手を目ざす志向をはっきり見せる人は稀です。

新藤兼人氏にガツンと食わせた溝口大監督は、子役を扱うのが下手だったそうですが、大人に対しても説明はぎこちなかったらしい。女優に役の性格を考えさせようとして、「その時の女の心理を分解してみてください。いろいろあるでしょう。それを弁証法的に把握して、統一して表現して下さい」——これはたまらん。弁証法的に把握、統一ではわかる話もわからなくなる。

しかしこれはそれほど特殊な例ではなく、大学の先生にはむずかしくしか言えない人が多くて、鈴木孝夫教授（『閉された言語・日本語の世界』）に「明晰なものは日本語ではない」ようだと皮肉られる文化を代表しています。官僚の説明も親切を旨とせず難解をモットーにしています。官僚の場合は秘密主義や保身という動機も強いのですが、日本の行政文化では、説明を聞いている間は尤もと思わせておいて後で考えたら一向にわからず、シッポをつかまれることがないようなメッセージを作る能力を磨かせてきました。そういう文化の中で、敗戦の翌年、日本国憲法が両院（当時は衆議院・貴族院）で審議された際、法制局官僚出身の金森徳次郎国務大臣（憲法担当）が、懇切丁寧、ユニークな比喩を多用し文学的表現を交えたりしながら、総計一千数百時間に及ぶ答弁を重ね、長い時は一回の答弁が一時間余り、汗水たらして奮闘したのは「わからせる」姿勢の際立った官僚として珍重すべき例でした（これを範としてその後の行政文化が改善されたかと言えば、全くそうは行かなかったのは周知の通りです）。

第一部第三章などで、日本人は自分を相手の立場に置く「察しの文化」の保持者だと言いましたが、その美風が、言語を用いてメッセージを作る段になると不思議と影をひそめます。相手の立場や理解力、予備知識を「察し」てコミュニケートすることは非常に苦手です。日本人の思考を〈延伸の論理〉と名づける国語学者阪倉篤義教授は、それは異なる立場の者が一段高い所で一致点を見出そうとする「対話」（dialogue）の要素を欠く一直線の流れだと評し、但し書きや回り道まで含んだ「屈折を持った説明」に配慮しない日本人の流儀は「外国文化との接触においても発揮された」と指摘しました（「日本的知性と日本語」―『講座日本思想2・知性』）。そこで評論家金美齢女史が「日本人は世界有数の話し下手の国民だから、そこを直さないで英語学習に熱中しても英語の能力が生かせないだろう」と急所をついたのには全く同感です。その極致が日本の外交下手であることも痛感せずにはいられません。

●自己卑下、形式儀礼の尊重

英語学者小笠原林樹教授が、かつて論文「日米の文化とことば序論」（宮内秀雄教授還暦記念論文集『日英のことばと文化』所収）で、日本とアメリカ、両言語社会のメンバーが示す言語行動のパターンを、十三の項目にまとめて対比されました。その中から日本人の言語行動の型が特によく示されている項目名を借用し（順不同）、それに相当する実態の付記を、この本の立場で加えましょう。

○心情依存型（アメリカは言語依存型）　○感情の非言語表出（米＝言語表出）

○談話回避型（米＝談話享楽型）

右の三項目は、言語行動における日本人の消極性、凹型性を述べたところと合致します。

この三つの傾向は、映画の中のセリフの少さ、演技の抑制などにまで当然反映するので、米人フランク・キャプラ監督は邦画『チョコレートと兵隊』（佐藤武監督）を見て、あの藤原釜足のような控え目な演技をする役者は米国にいないと嘆じたそうです（平野共余子『天皇と接吻—アメリカ占領下の映画検閲』）。彼我の端的な差異です。

○不分明型（米＝Yes-No型）

これはイエス・ノーをはっきりさせない日本人（第一部第三章）、自分の脳中でもはっきりケジメのつかない日本人（第一部第四章）として既述した通りです。

○自己卑下型（米＝〈競争社会〉自己顕示型）

これは第一部第五章で述べた、日本人のへりくだる文化が言語行動面に現れたものです。日本にも競争社会の現実が存在するのに、競争に勝つための自己顕示は「はしたない」と嫌悪されやすく、アピールもほどほどにしないと〝突出〟を非難されます。

判定に不服の野球選手が猛然と審判に食ってかかるのは本場のアメリカ風を持ち込んだもので、相撲の物言いでは黙々と判定を待ち、軍配に不服でも「さりげなく」引き下がるのが力士の作法とされているのと対照的です。

○形式儀礼型（米＝気軽型）

「毎度ご来店くださいまして有難うございます」「毎度ご乗車有難うございます」――感謝の決まり文句が日本社会には氾濫しています。謝恩会・謝恩セールの意識（第一部第五章）と一体です。総じてもの言わぬ文化の日本人も挨拶文句（口上）の多用は苦にしません。

食事の前後に「いただきます」「ご馳走さま」と挨拶するのも日本ではごく普通の習慣ですが、この決まり文句に対応する部分がブランクになっているのが多くの言語の実情のようです。「行ってまいります（来ます）」「ただいま」も他の言語社会には珍しいものらしい。

歌舞伎俳優の襲名披露の舞台挨拶などはしきたりを守ってものものしく、大相撲の結びの一番を合わせる木村庄之助は「番数も取り進みましたるところ…」と荘重な口上で始めます。野球の審判の「プレイボール」が合図であって挨拶ではないのと好対照です。『欧米人が沈黙するとき』によれば、日本人の英語教師に対するセミナーの終了日、米人講師が、来年のセミナーを改善するために、参加者の意見を求めた。スピーチの中で年長者が述べたのは徹頭徹尾感謝の挨拶で、

私のまずい英語でご勘弁ください。参加者の中で私が最年長だと思いますので、みんなを代表して一言ご挨拶申し上げます。参加者一同、このセミナーに心から感謝しております。諸先生方のお骨折りに対して衷心お礼を申し上げること以外は、何も申し上げることがありません。……

というものだったという。諸外国人にこれを示して反応を求めたら、「相手に不快感を与えない」などとほめた答があった一方、「講師が求めていることに何一つ答えていない」「へりくだりすぎて気味が悪い」「誠実味に乏しく無礼だ」……などの非難も集まったそうです。なるほど、さもあろう、と思いましたが、挨拶した日本人にしてみれば非難は心外だったにちがいない。「最年長者」ともなれば「挨拶の場こそ出番！」と自負し張り切るのが通例と思っても見当ちがいではありません。その場で〝敬語的表現〟に万全を期するのは勿論です。

挨拶尊重のきわまる所か、日本人が「何の挨拶もない」というのは金品を贈って来ないこと

を意味する場合までであります。他人の家を訪問する時に「手みやげ」を持参する日本的儀礼にイギリス人なども当惑するそうです（J・カーカップ、中野道雄『日本人と英米人』）。

挨拶に念が入りすぎる日本社会から見ればアッケないと思える言語行動が異文化には多い。アメリカの将軍は全軍の将士を前にして「ボーイズ！」と呼びかける。アメリカのセールスマンは少しなれると顧客をペットネームで呼ぶそうですし、セルフサービスの行列に料理人は「ネックスト・ボーイ！」と呼ぶだけ（七七ページ）。日本だったら「次の方、どうぞ。お待たせしました」ぐらいは常識です。その一方で、欧米人社会がオハヨウ・コンチワ式の簡単な挨拶文句を見知らぬ仲でも潤滑油として多用するのに比し、日本人は気軽に声をかけず自分から気づまりな状況を生み出します。

小笠原教授の日米比較で「形式儀礼型」に対置されたのは「気軽型」でしたが、日本人の形式儀礼と対照的な欧米人の言語行動には、もう一つ、「実質重視」があります。ドイツのある都市で見たメーデーの集会では、登壇したリーダーは二人だけ、一人が三十分から四十分、みっちりと熱弁をふるいました。聴衆は盛んに拍手したりヤジったり、実質的な反応を見せるのです。そこで思い出した日本のメーデーは、諸団体の代表などがズラリと総花式に顔を揃え、一人で三分か四分の儀礼的なスピーチをするだけで、腹ごたえのないものが大部分です。

第一部の第五章に挙げた「謙遜する」文化と「形式儀礼」はセットになりやすく、挨拶文句として常用される表現の定型にもへりくだるものが多い。イギリスの園芸家が著書の序文に自身の父親を「偉大な園芸家」と書いたような率直さは日本では抵抗を招きがちで、言語学者金田一京助博士の長逝に際して「功成り名遂げた父」と正直に書いた金田一春彦教授は、社交辞令の常道に反すると非難されたそうです。文化勲章受章者を高く評価することも身内となればいけないらしいとは厄介です。

◉マニュアル依存、独創的修辞に不熱心

○おしきせ受容型（米＝選択型）

形式儀礼型とは「型通り」ということです。キマリ文句をなぞっていれば無難、安全。規範に従うことがむしろ気楽で、独創はかえって苦痛とされる傾向があります。第一部にも言った横並び志向、あるいはマニュアル志向です。「式辞あいさつスピーチ模範集」とか「手紙の書き方」が本になってかくれたベストセラーという現象は、「型通り」志向の強さを物語ります。

人間の行動は、本能的・反射的行動を除けば、程度の差はあれすべて選択的です。しかし〝おしきせ受容〟で足れりとしていれば選択のハバはごく限られる。その無難さが楽だと考えると、ハバ広い中から、あれかこれかと選択する技術的・修辞的な工夫はおろそかになります。話題の選択、話（文章）の構成、用語の選択を含めた広義のレトリック（修辞）に不熱心だというわけです。

前の章でフランス人の「文辞の美」好みに言及しましたが、もっと好みの渋いイギリスでも、『マイ・フェア・レディ』でイライザの父親が娘を返せとヒギンス教授の邸に乗り込んで来た時、そのかけ合いの呼吸のうまさに教授は「おお、何たるレトリックの妙！」と感嘆します。テンポのよさも含めた話の運び方の巧みさを賞揚した言です。

金美齢女史が日本人を「世界有数の話し下手」と評したのは、一つには、紋切り型にはまることに汲々として独創の楽しみを目ざさない不器用さをついたのでしょう。

もっとも、昔、合戦の前には「やあやあ遠からん者は……」と長い長い名乗りをあげるしきたりに従った日本の武士には、他面、独自の修辞の感覚も求められ、「衣の館はほころびにけり」に対しては「年を経し糸の乱れの苦しさに」と応ずる文辞の美の才能が語り草になったりしたものです。現代の日本人は「式辞あいさつ」や「手紙」の規範を求めるほかに「敬語の使い方」にも神経質でお手本を求めますが、それを超えた会話のダイナミズムや文章展開の呼吸には勉強の意欲を及ぼさないのは、マニュアル依存、個性は不要、というホンネが文化の底流にあるのです。小笠原教授はレストランでの注文も米人は仲間に追随しないと観察しました。

○生真面目型（米＝ユーモア・親愛型）

「真面目」は日本人の美風です。それは弥生時代以来の民族のコア・パーソナリティーの中に位置を占めるもので、簡単に変質させてよいとは思えません。ただし、真面目さの反面に余裕がとぼしくユーモアもウィットも不足することは第一部第五章に述べた通りです。

　高度成長期に入った頃からの日本人は、意識調査で、自分は饒舌で早口の傾向があり、よく冗談を言う、と答えるようになりました。問題は「冗談」の質です。一体にユーモア不足の伝統の中で、例えば江戸の川柳や落語には、小味な、巧妙な諷刺や余裕のある自己観察が見られましたが、バラエティー番組風の洗練不足のギャグでは「冗談」を自慢できません。

　また、日本人の社会的・心理的規制の強さから行くと、アメリカ流の「親愛型」にも近づきにくそうです。レーガン大統領と中曽根康弘首相が「ロン・ヤス」の関係だったというのも、こちらから仕向けたのではなく先方の主導だったと考えてよく、日本人同士の仲に容易に持ち込めるものとは思えません。日本のトップクラスの政治家は軽薄を親愛と誤解しかねない。

　なお、小笠原教授の日米対比には、そのほかに、次のような項目がありました。

日本人の家族集団的心性（アメリカは自立意識）、権威関心型（米＝実力顕示型）、帰属意識（米＝流動意識）、他人意識型（米＝主体行動〈自己誠実〉型）、人間関係志向型（米＝能率志向型）。――これらは、言語行動だけのパターンというよりも、言語行動を含んでもっと広い文化のパターンと見るべきなので、ここではふれません（第一部第三章にその文化のパターンを記述しました）。ただし、これらの項目まで挙げられたということは、言語行動はほとんど社会行動そのものである、という本質をむしろ積極的に理解させるものだと解されます。

言語行動は、言語の体系（langue）と違って、それだけが際立って閉じられたシステムではなく、ソシュール流に言うなら、生理・心理・物理的な諸要素を含む〝混質的〟な存在であるわけです。そのあり方に文化共同体ごとの異なりがあるという事実は、言語の現実直結性どころか、言語行動は社会的・文化的現実そのものの一部を成していることを示します。

◎非言語行動の〝日本人らしさ〟

言語行動に対して、非言語行動（non-verbal behavior）があります。

言語を用いない中で、「歩く」「窓を開ける」「ドアを押す」などは言語行動と全く無関係の行動ですが、「お辞儀する」「握手する」などは言語行動と一緒に行われることのある行動です。七三ページの〝お愛想目付き〟のような人情味のあるしぐさもその一種です。また、無言で、お辞儀や握手をしたり、ほほ笑んだり、手招きしたり、指を口に当てて「黙って！」と合図したりすれば、それらは言語行動に代置された非言語行動になります。

右の三つのうち、第一の、言語行動と全く無関係のものを除き、後の二者の中で〝日本人らしさ〟のうかがえるものを例示します。

「身ぶりは人格である」（A・シーグフリード）はそのまま「身ぶりは文化である」と言えます。文化は〝集団の人格〟だからです。

そこで非言語行動の中に日本人的人格を探ると、第一は、お辞儀の多いことでしょう。ヤクルト・巨人・阪神の強打者として記憶される広沢克実氏（NHKプロ野球解説者）の話では、日本の球団に加入した外国人選手は、「日本人選手は球場に入ると先ず一礼する。あれは一体、何に対してお辞儀しているのか？」と不思議がるそうです。外来スポーツでさえ日本に入れば礼の習慣が普通ですから、日本固有の武道や芸能の世界となれば「礼に始まり礼に終る」が実践されているのは言うまでもありません。日常生活ではお辞儀とセットに合掌することまであります。欧米人でも郷に入れば郷に従うのか、外資系企業の欧米人幹部が「日本のユーザーにおわび」の記者会見する時などは、英語でしゃべった後で深々と頭を下げています。

昔に比べてお辞儀が激減し〝無礼地帯〟と化したのは日本の学校ですが、生徒も学生も一歩社会に出ればそれではすみません。それでも、席から立って礼をすることは日本社会全般にずいぶん減りました。それが対外的場面に影響して、握手を求める外国人に対して自分は起立せずに手を延べる学生などがいるらしい。〝国際化〟にひどく逆行しています。在日の漢民族の新進学者が、ある賞を受ける儀式で、深々と、しかも卑屈でない堂々たるお辞儀をくり返す様子を見た時は、さすがに「礼」を教えた儒教誕生の国の青年だと感心しました。

お辞儀は作法の一つですが、基礎論第一章にも挙げた日本人特有の「うなずき」は作法・マナーと言ったものとは違います。規範性のあるものではなく、相手への同意・同調を示す他人志向性の強さの現われです。相手の発言内容への賛同とはほとんど関係なく「質問の意味はわかります」「聞いていますよ」と合図し、自他の間の緊張を和らげるためだけのうなずきも少なくありません。ケント・デリカットさんは、たまにアメリカに帰った時、電話をかけながらお辞儀したりうなずいたりしている自分に気がつくそうで、日本人への同化の進んでいる部分なのでしょう。

日本人の凹型対人意識が非言語行動に現われる例のもう一つは、昔から〝ジャパニーズ・スマイル〟の名で欧米人に知られた（不可解、神秘的？　とされてきた）日本的微笑です。これも和合・同調の志向から生まれる、ダイナミックでない〝静的動作〟ですが、ほほ笑みさえすれば相手との緊張が和らぐ、というのは、日本人同士なら通用するが、異文化の相手との間には必ずしも成り立たないことです。日本の商社マンなどがアメリカの法廷に証人に出る時など、証言台に立つ際にお辞儀するのはともかく、薄笑いを浮かべて質問を待っていると、法廷侮辱罪に問われることが珍しくないと聞きます。彼我の法文化の差でもあり、広義の言語文化の差でもある。深刻に受け取るべき事実です。

〈敬語行動〉を支配する心理

言語行動と非言語行動がセットになって、複合的・総合的な行動——多くは対人行動——が形成されます。ここに登場する一つは、日本語の構造の中にセットされている〈敬語〉という形式の問題で、それが非言語行動まで含めた対人行動あるいは社会行動の中に包み込まれたものが〈敬語行動〉という複雑な内容を持った行動のカテゴリです。

普通に言う敬語のルールは、相手や話題にする事物と自分との関係（上下・親疎・力関係など）に応じて、使用する語句を選択する上の約束事を言います。構造的にセットされた〝待遇表現〟です。そこへ上品・下品などの〝品格語〟を加える考え（大石初太郎教授ら）もありますが、一般に敬語の名で鋭敏に意識するのは、尊卑・親疎などの条件に応じて変換される言語形式で、それの使い分け方、使いこなし方がマナーの上の大問題です。

マナーと言うなら、辻村敏樹教授の説のように、玉ノヨウナ赤ちゃん・立派ナお宅（相手側の事物）、ツマラナイもの・ムサクルシイところ（自分側の事物）といった慣用的修辞も〝敬語的表現〟とすることが出来、話題の選び方・発声の調節・文字の丁寧度・通信の方法……などども一連の作法に含まれてきて、お辞儀の有無や丁寧度などの〝物腰〟や位置の取り方（上座・末席、三尺さがって……など）の非言語行動にも連なります。――これら「気を配る」「改まる」などの動機で変容する対人行動を総合して〈敬語行動〉と考えます（拙著『日本語の社会心理』所収の「表現行動の心理」では「広義の敬語行動」としたものです）。

一体、日本人の言語行動を支配している社会的・心理的条件はまことに種々、多様ですが、その大きなものに、「敬意」の現わし方如何、ということと、デリケートな対人意識から来る心理的距離の取り方如何、という二つがあります。森鷗外の『高瀬舟』で、罪人を護送する武士が、罪人が語る身の上を聞いているうちに気分がしんみりとして思わず「喜助さん」と呼んでいた、などは対人意識の微妙さが敬語行動を変容させた好例です。

敬語は日本語にしかないとかなりの人びとに思われているのは誤解ですが、敬語の使い分けが日本人の意識から離れず、むしろ関心が高まるあげくに珍妙な誤用まで多発する傾向にあるのはやはり文化の特色の一つではあります。そしてその使い分けを規制する条件の大きなものが右に言った二つです。それは更に、以下に述べる日本人の言語意識・言語思想の、実質的意味の伝達以外のものを重視する傾向にまで連なるものでもあります。

◎二面的言語思想――〝実用言語不信〟と〝社交・鑑賞重視〟

言語行動の基底には、それを支配する意識があります。言語に対する態度、価値観、更には言語思想があると言ってもよい。

凹型日本人の消極的な言語行動の根本には、言語不信あるいは言語軽視の思想があります。――日本人は一面において〝言霊《ことだま》〟信仰の伝統を有しながら、語る・告げる・伝える行為を一段低く見る傾きを根強く持ち続けてきました。「男は黙ってサッポロビール」というコマーシャルは三船敏郎のキャラクターとも相俟って大受けしたものです。

拙著『日本人はこう話した』（講談社学術文庫版では『言論と日本人』）は、福澤諭吉以来の肉声によるパブリックコミュニケーション史ですが、その後は類書も出現せず類書待望の声もないらしい。「語りかけて世の中を動かす」言語の力などおよそ信じない思想にもよるのでしょう。

ただし、限定を加えなければなりません。日本人の言語不信は、実質的な言語使用に限っての不信感です。時枝誠記教授の言われる言語の〈実用的機能〉(『国語学原論 続篇』)には重きを置かない意識です。すなわち、言語の意味内容(知的意味)が正確に伝わることなどははじめから重視していない。それは第一部第四章の「事物認識と思考法」と不可分です。正確・厳密な知的認識を二の次とする意識では、当然、メッセージの実質内容はいい加減に扱われます。所詮はソラゴト、むしろ語らぬところにこそマコトはある、という言語に対するあきらめが根本にあって、説明が下手でも欠陥とされない、言葉をつくして説得するのは野暮なことだ、内容さえあれば表現には凝らなくてもいい——これらの価値観に由来する総体が「世界有数の話し下手」(二四七ページ)という評価を招きました。喧嘩で言い争いに徹しない日本的特色(二四三ページ)も、言語に頼らない文化の一部です。

このように日本人が言語行動を重視しないのは、しかし、事柄の半面です。他の半面において、日本人は言語使用に対して熱心でもありセンスのよさを発揮することがあります。母国語を持ちぐされにだけしているわけではありません。時枝教授の命名による言語の〈社交的機能〉と〈鑑賞的機能〉が発揮される場面こそ、日本人にとっての言葉の出番です。

先ず〈社交的機能〉の重視とは、対人関係を調節し、あるいは場所柄にふさわしい雰囲気をかもし出す作用を重視することで、事実、その種のはたらきを帯びた言表には気を配り、人間関係重視の文化を損なわない志向を常に示します。敬語使用に敏感なことや、社交辞令をおろそかにしないのは代表的な例です。

日本人がハレの場（ヨソイキの場）とケの場（フダンの場）の区別を重視するのは、日本文化の重要な項目の一つです。先に挙げた、言語行動における「形式儀礼」の尊重はその意識と深くつながります。武士にとって合戦の場はハレの場だったので、ものものしく長々しい名乗りを挙げることは欠かせなかった。ヤクザの仁義が長々しいのも大道商人が口上の言いまわしに凝るのも、ハレの場こそ本領発揮の場だからです。行司の名乗りが定型を重んじ念入りに行われる大相撲の世界で、物言いがついた時「ただ今の協議について説明します」と言う審判長は滅多に実質的な説明はしていない。実質的内容の重いコミュニケーションに対する軽視・投げやりと、形式儀礼の尊重と、日本の伝統そのまま、両者の対比がまことに鮮やかな土俵の上と下です。

次に〈鑑賞的機能〉とは、言語表現が「美的享受の対象となり、鑑賞に堪へるもの」になる作用で、限られた場合にはそれが非常に尊重されるのです。

文学的表現もしくは美的表現によって形成された言語作品（文芸、及び文芸に準ずる前段階的な産物）を尊重し、特別視する意識は非常に強いものがあり、その種の言語作品を生み出し鑑賞するセンスは決して劣っていません。フランス人ならぬ日本人も「文辞の美」を「了解する」感覚ではひけをとらないのです。儀礼的メッセージに磨きをかけることに熱心なのも、一つには、その中に「文辞の美」を発揮させようという意識であり、平安朝の男女の「贈答歌」などは、社交辞令も表現は美的に、という志向の産物でした。

さかのぼっては雄略天皇の代、長谷《はせ》の百枝槻《ももえつき》の下での酒宴の際、伊勢から出て仕えていた妥女《うねめ》が捧げた盃に槻の葉が浮いていた。妥女は打ち伏せられ成敗されようとした時、彼女が徐ろに歌ったのは「纏向《まきむく》の日代の宮は、／朝日の日照る宮。／夕日の日陰《かげ》る宮。……（中略）……／新嘗屋《にひなへや》に生ひ立てる百足《ももた》る槻が枝《え》は、／上つ枝は天をおほへり。／中つ枝は東をおほへり。／下つ枝は鄙をおほへり。／……（中略）……／落ち浮《なずさ》ひ水凝々《みなこをろこをろ》に。是しもあやに畏《かしこ》し。高光る日の皇子。／事の語りごとも是をば。」というのだった。帝の深い感動を呼び、妥女は死を免れたばかりか、宴はいよいよ盛んに、華やぎをきわめた（高野辰之『日本歌謡史』に拠る）。――この故事などは、わが民族の祖先が、危急に臨んで口誦文芸を生み出すほどの、類稀な文辞の才に恵まれていたことを如実に伝えるものです。

万葉の「相聞歌」も平安朝の「贈答歌」も、文芸の歴史に残る〝日本人らしさ〟の証明で、すなわち日本言語文化史の重要な内容を成すものです。

本間久雄『文学概論』に、「言霊」を引用して「我国の文学に於ける言語の位相」が強調されているのは、非日常的・非実用的な言語使用にだけ価値を置く日本的意識を裏から闡明されたものと言えるでしょう。事実、日本人は〝美的言語使用〟や〝遊びの言語使用〟にはプラスの価値を置き、打ち込み方も深いのです。新聞の歌壇・俳壇は花ざかりで、俳句人口は一千万を超えるのではないでしょうか。『古今集』序の「花に鳴く鶯、水にすむ蛙の声を聞けば、生きとし生けるもの、いづれか歌をよまざりける」は、歌をよむ人・よまぬ人の別なく、多くの日本人の共感を呼びます。

ここで思い併せるのは、最近伝え聞いた、ある外国人の評です。「日本の人は、美しいものには敏感なのに、醜いものには鈍感ですね」というのです。言語使用についても、詩歌の美を知る感覚にすぐれ、また詩歌を創作することなどには熱心なのに、他面、私的・公的の場面での実用的伝達はありきたりの〝粗弁〟や通り一ぺんの〝粗文〟でやりとりして苦痛を感じない。講演・演説・講義ほかの実用的伝達にも鑑賞的機能が発揮され〝芸術点〟が取れるよう、表現に磨きをかけようとはしない、この美・醜の落差の大きさにも右の外国人の評を招くだけのものがあります。両極分解したこの意識を一元化し、「美は真であり、真は美である」（キーツ）というテーゼが素直に理解されるような言語意識（そしてもっと広く文化全般についての価値意識）を浸透させることができるか否か。これは日本社会の今後の大課題です。

第五章　言語による〈高文化〉の世界
——文芸の日本的民族様式

A　〈高文化〉とその日本的特質

●〈高文化〉の概念

第二部では、言語文化——特殊に限定すれば〈日本語文化〉という概念を軸に、できるだけ広い目くばりを試みてきました。

日本語の構造と運用にわたって見出される〝日本人らしさ〟が日本語文化ですが、日本語の「運用」によって生み出された産果の中には、言語芸術と言うべき高レベルのもの、すなわち文芸（文学）もあります。

第二部を結ぶに際して、日本文芸に見られる〝日本人らしさ〟、あるいは文芸一般と言語一般の関係の本質、といった問題にふれておきたく思います。そこで、文芸を含む〈高文化〉の概念から話を始めましょう。

ここまでの叙述で中心に置いた〈文化〉の概念は、R・リントンの定義（九ページ）に代表される類のものでした。つまり文化共同体のメンバーが日常不断に到る所に示している〝生活の形〟であって、その意味をはっきりさせるためには〈日常文化〉とでも呼んでよいものです。言語文化、乃至は日本語文化を眺め、考察する場合も、人々が日常到る所に示す〈日常言語文化〉を中心に据えて見てきましたが、叙述の中では必ずしもそれには限定せず、ここから後に説く文芸など、より高度の範疇のものにもしばしば言及はしました。

日常文化と異なる意味の「文化」は、文化の日、文化勲章、などと用いられています。文化勲章・文化功労者・無形文化財……それらは〈日常文化〉とはレベルの異なる所にあり、ある分野で特にすぐれた才能を持つ人々が営む、高度の人為の過程とその所産、といった意味が、この場合の「文化」にはこめられています。哲学・科学・技術・文芸や美術・音楽その他の芸術や芸能……などがそれに該当します。

この意味の〈文化〉が、日常文化と区別して特に〈高文化〉(high culture) と呼ばれるものです。

◎日常文化と高文化の関係

長谷川如是閑は、この意味の文化を想定した上でのことでしょう、こう言っています。

……文化とは何かと聞かれれば、私は、一言にして言えば、身についた生活経験による形態の洗練であると答える。洗練というのは、平ったく言えば、つまり磨《と》ぎすました、きれいになった、美しくなったということで、壷《つぼ》なら壷が美しくなるというのと同じで、人間の美しくなったのも洗練です。（中略）日常の生活が先に洗練されて芸術的洗練となり、学問的向上となるというのが、文化というものの常識的な考え方なんです。

（『私の常識哲学』、傍点引用者）

なるほど、右に言う文化は、まさに前述の〈高文化〉です。

如是閑は、この本がこれまで基本としてきた人類学や社会学で言う「文化」（日常文化）の概念を足場にして日本文化などを考察した人でしたが、同時に、右の叙述のように〈高文化〉をも視野に入れ、それを重く見る人でもありました。そして、日常文化と高文化の連続性を重視したのですが、右の引用にもその思考法がうかがえます（それは如是閑の経験主義哲学の立場に由来するもので、ドイツ流の文化Kultur《クルトウール》の概念に従わなかったかれの流儀が、その文化論を貫いています）。

一般に、芸術・学問・思想……など、諸種の高文化の中には、日常文化との連続性の強いものと、日常文化との隔絶が大きく感じられるものと、二通りあります。

連続性の強いものの例をあげれば、如是閑が「壷なら壷が美しくなる」と言ったように、日用品としての壷を洗練して美的な作品にまで高めればそのまま陶芸という芸術（美術）のレベルに達します。建築などにも同じ事情があります。

九鬼周造『「いき」の構造』には、日本の日常文化の特性としての「いき」は、湯上り姿や薄化粧や、手を軽く反らせることや曲げることのニュアンスすなわち「手附《てつき》」などにも具体化され、時には素足も「いき」の自然的表現になると述べてあり、それらと連続したところに日本舞踊という身体的発表の芸術形式のいくつかがある、と見ています。日常動作の洗練が舞踊の形式に到った面を強調したもので、ここにも日常文化と高文化の連続面を重視した見方があると解します。

一方、ピアノの音や、ヴァイオリン、琴、三味線の音などは、何らかの日常生活の手段として生まれたものではなく、はじめから音楽（器楽）という芸術に専用されるものとして発達し定着しました。絵の具も、絵画という芸術（美術）に専用される媒材です。――これらに見出されるのは、むしろ日常文化とは断絶した、高文化に固有の形態、その固有の世界です。

では、言語が生む高文化――すなわち〈高言語文化〉に属する哲学・科学の論文や文芸などの場合はどうか。無論、日常文化との連続性の強いものに属します。その種のものの代表と言ってよいものです。

なぜなら、文芸も哲学・科学も言語なくして存在しない、つまり一体不可離、同時存在の関係にあり、そしてその言語は、日常文化の形成に不可欠の働きをしているものだからです。日常文化と高文化を貫流する〈言語〉の存在によって、両者は断ち切ることのできない関係にあります。すなわち、この上なく強い連続性が存するのです（言語と文芸の関係については、次のBであらためて考察します）。

西尾実教授は、著書『日本人のことば』で、ことばの地盤段階（談話）から発達段階（文章）を経て完成段階（哲学・文学・科学）に至る、ピラミッド型の、言語の漸層的な機能体系を示されましたが、まさしく、日常会話のレベルから完成段階としての高文化までの連続性を理解させる説明です。

文字のはたらきとその恩恵

右の機能体系には、地盤段階と完成段階の中間に発達段階としての「文章」が位置づけられていることに注意すべきです。すなわち、地盤段階には登場しなかった「文字」が作用して発達段階を形成し、完成段階としての高文化へつなぐ役割を担っている、という事情です。

そこで、見忘れてはならないのが、高文化を形成するに際して（とりわけ高言語文化が形成されるに当って）の〈文字〉のはたらきです。

原理的には、文字は言語を視覚に移した、言語に対する第二次記号です。つまり言語が先行して存在しないのに文字が作られることはあり得ない。しかし、文字言語は、地盤になる音声言語よりも高いレベルの内容を表現・伝達することができ、文明の発達を促進してきました。

　地球上にはなお文字の読み書きを知らない人口のほうがずっと多いのですが、はたして〝文字なき社会〟の一般成員の生活の中に情報文明があり得るだろうか、科学技術文明の恩恵が及び得るだろうか？　言語の力の及ばないところにはたらく機能、すなわち、記録し、情報を定着させる機能こそ文字の本領です。この機能の存在しない社会では、精密な情報のやりとり・定着はむずかしい。科学技術文明は精密な知識の体系を基礎にしていますから、文字を使わない人々がその文明の創り手・担い手になることは不可能です。文字に裏打ちされた言語体系を有する共同体だけが高度の文明と常時共存することができます。

　文化についても同様です。伝統的な生活の形・心の形としての〈文化〉の場合も、それが知識の体系や芸術的創造物として、高度に洗練された精密なレベルに達するには文字化された情報の媒介が必要です。

　言語はたしかに文化を作る基本的媒材なのですが、それに対して、文字は言語の二次的記号だからと言ってその役割の重さを忘れてはなりません。学問も技術も、そして、言語が生み出す芸術作品である文芸も、文字の恩恵を大きく受けてきたことは勿論です（文字を生かす物的文化としての紙の発明、筆や墨、印刷機械ほかの媒体なども視野に入れるべきものです）。

文芸は、もっぱら口誦文芸（折口信夫教授らによって「非文学」「作品以前」とも呼ばれるもの）の時代から、文字による書記文芸の時代に移行して、整序と洗練が進められ、言語芸術としてのレベルも高くなりました。日本の場合は漢字の伝来と学習が日本文芸のレベルを決定的に高め、「作品以前」とそれ以後の段階を分かつことになったことがはっきりしています。

宗教の教義にしても事情は似ています。仏教を例に取れば、釈迦は、教説を体系立てて講義したわけではなく、そもそも思想体系の樹立といったことを目ざさないで説法し、庶民の相談に答えた口頭の教えも残しましたが、後継者たちは遺訓を整理して聖典の形にまとめることを考えました。諸々の経過の中で紀元前後までにさまざまの形にまとめられて、後世、仏教の教理は更に分化した経典に定着して行ったわけです。定着させたのは文字の力です。

◎日本の〈高文化〉の特色――（その一）外来高文化の吸収と日本化

〈高文化〉の概念に到達したところで、次へ進む前に、日本の高文化の形成過程や形成された産果にはどんな特色が見出されるか――二つだけ挙げておきます。

第一は、外来の高文化を吸収・同化し、その上にユニークな日本高文化を花開かせてきた、ということ。第二は、文化的エリートと常民との間の隔絶・断絶が小さく、高文化が常民に普及する度合いが高かった、ということです。

第一の特色は、日本列島の地理的な位置と、日本民族の多神教的な包容力の大きさ、柔軟性から生じました。

日本列島は、アジア大陸の辺縁に位置する地理的制約により、文化の発信地としてよりも、海を渡って来る文化の受容地としての性格をはじめから持っていて、とりわけ各種の高文化を大陸や朝鮮半島から受容しました。更に後の欧米文化の輸入を加えると、日本文化の持つ重層的性格は一きわ明らかになりますが、外来文化は単純に受容され集積されたのではなく、忽ち吸収されて民族の心の栄養になり、日本風に姿・形を変えた独自の高文化が生まれて発達しました。

早い話が、高文化を生む最も強力な媒材の文字にしても、大陸に生まれた漢字が朝鮮半島を経て渡来したのですが、その文字を原音通りに読む（音読みする）ことと、日本固有の単語に宛てはめて使う（訓読みにする）ことが併せて行われました。更に、漢字を変形させて平仮名や片仮名を作り出し、両者それぞれの役目を担わせながら、漢字仮名交じり文に見られる、和漢を組み合わせた表記法を生みました。これが日本文芸の独自の発達をもたらす大きな要因になりました。

次いで造形美術の世界を大観すると、「数多い仏像についてよくいわれるように、大陸の新しい作風は間もなくわが国に影響し、だいたいにおいて平行して推移していることが特に平安朝初期までは著しい」（渡辺照宏『日本の仏教』）と指摘されたような、異国風をそっくり取り入れた時代があって、その次には純和風の時代が花開き、また新たな異国風が栄えるとそれが吸収されて次の時代には新しい和風文化が生まれ定着する、という動きがくり返されました。こうして、奈良―平安―鎌倉―室町―桃山―江戸―明治……と、異国風と和風が交互に栄え、あたかもラセン階段を昇るような形で洗練と進歩を続けてきたと見られています。

また例えば日本音楽（邦楽）の歴史をたどると、大陸を中心とするアジアからの外来音楽が吸収消化され、後には欧米の音楽が輸入され、ほとんど外来楽の受容と変形をくり返した日本音楽史の時代区分が、吉川英史教授によって次のように行われています。

(1)原始日本音楽時代（原始〜推古天皇）
(2)外来楽輸入時代（推古天皇〜奈良朝末期）
(3)外来楽消化時代（平安朝初期〜末期）
(4)民族音楽興隆時代（鎌倉初期〜室町末期）
(5)民族音楽大成時代（室町末期〜江戸末期）
(6)洋楽輸入時代（明治）
(7)洋楽消化時代（大正以後）

それより早く高野辰之『日本歌謡史』には、(1)上古時代、(2)外来楽謳歌時代、(3)内外楽融和時代、⑷邦楽発展期、⑸邦楽大成期（前半）、⑹邦楽大成期（後半）、⑺邦楽革新期……という区分が示されましたが、高野説・吉川説のどちらによっても、外来音楽の刺激を受けては独自の民族音楽を形成し大成させるという、弁証法的な発展をくり返してきたことが明らかです。

　このような外来高文化の吸収同化によって生じた日本高文化の重層性は、ブルーノ・タウト（『日本文化私観』）の区分と命名によって総括されています。――すなわち、かれは、前史文化の独自な吸収同化を行った「大和《やまと》」時代を〈第一日本〉と呼び、伊勢神宮をその象徴的存在としました。それに次ぐ〈第二日本〉は、韓半島と漢土の文化を吸収していた当時の日本で、韓文化は紀元前数世紀に、漢文化は仏教渡来の六世紀頃はじめて積極的に浸透し始め、それらの「偉大なる融和綜合の形」が日本に成就したのは十一、二世紀の頃だとします。彫刻・絵画や『源氏物語』のような文芸にその証明を見るというのです。そして〈第三日本〉は、「西欧の、地球上ほとんど正反対の位置にある世界の文化の吸収同化の後に現われる一つの渾一体」がそれだとしています。

　これら和・漢・洋が重層的に蓄積されて高文化の全体を成しているのは目ざましい日本的特色ですが、同じ様相は日本語の語彙や文体についても見てきました（四二、一〇八、二二八ページなど）。あれもまさに第一日本から第三日本までが総合された状態であるわけですが、和漢洋の高文化は均等の力で共存しているのではなく、外来の高文化を「理解し得る限りにおいて理解し、それを我の流れのうちに取り込んでしまう、というかたちでの外来文化との接触に止まった」と評するのは阪倉篤義教授です。「かつて存在し、また現在も存在しているのは、完全に日本化されてしまった中国文化であり、西洋文化である。一本の流れが、そこには、真直につづいているのである」（「日本的知性と日本語」――『講座日本思想2・知性』）

◎日本の高文化の特色――（その二）日常文化との連続性

日本の高文化の第二の特色に移ると、高文化と日常文化との強い連続性です。

長谷川如是閑は、とりわけ日本の高文化の特徴として、社会一般に普遍的な文化の日常的性格と、洗練された高度の文化とが強く連続している面を特立・力説しました。

日本の文化（引用者註、「高文化」の意）の特徴を語る場合に、いい落としてならないことは、日本の文化的なものの多くが、社会一般の空気から離れた、知識人の階層によって創造されたものではなく、むしろその時代の社会的の空気から生まれているということである。このことは日本文化の研究者の多くが忘れているのだが、じつは重要な事がらである。

（『日本的性格』）

「日本の最高級の文化の形態も、そういう一般的空気に支配されているのである」と言う如是閑は、その傾向こそ、各国普遍のものから「日本的なるものを識別せしめるもっとも基底的の条件である」(同書)と説いています。

小西甚一教授(『日本文学史』)に、貴族文化と庶民文化の「分裂性や対立性の稀薄なこと」の指摘があり、両者の「交流関係」が言われていることなども想い併されますが、文化の日常的性格と高文化の性格の連続性の実例に如是閑が挙げたのは次のような事柄です。いわく、貴族社会から生まれた『源氏物語』なども社会一般の思想・感情を基調としていた、あるいは「西洋人が高級の趣味によって始めて鑑賞されると考えているウキヨ絵は、じつは日本の徳川時代の大衆の趣味から産まれた産物だったのである」(長谷川、前掲書)。歌舞伎や邦楽は町人や職人階級の愛好する芸術だった、そして、短歌や俳句はまさに無数の一般人によって作られるもので専門の文芸家の独占的創作物ではない……など。

このような〝高文化の持つ大衆性〟という日本的特色を可能にしたものは、昔からカナ文字が普及したこと、そしてカナ文字さえ読めないものは〝耳学問〟で吸収するという「風変りの教養の無組織の組織」(長谷川、前掲書)が日本にはあったという事実です。例えば「歴史や小説と同じ内容をもった説話を、すこぶる芸術的に語る」大衆の娯楽機関は、「民間の言語による教育機関」であって、それを通して情操や知識の教育が大衆に浸透した、というわけです。

日常文化と高文化の間に緊密なフィードバックの関係があった――このような日本高文化形成の過程も、他国に比して際立ったものと考えていいようです。

B　言語の世界における文芸、その日本的性格

ここから、話を〈文芸〉に限り、①言語の芸術である文芸と言語そのものとは、どのような関係を本質とするのか、②日本文芸が示す〝日本人らしさ〟はどのようなものか、の順に話を進めます。

◎文芸と言語の関係――（その一）在来的見解

文芸は、言語による芸術、言語を生命とする芸術であって、

人間の精神体験の美的な言語表現（浜田正秀『文芸学概論』）

です。「美的な」と限定されるところが芸術たるゆえんです。

この言語芸術の世界は、福原麟太郎教授が「文学の国」と呼び、「そこへ一度入り込んで遊び、その喜びを味わったものは、それを忘れることができない。人生は、ただ生きることだけではなくて、こういうみごとな世界もあるものだということを知る。心が無限にひろがってゆき、『いのち』の豊かさを感じる。（中略）生活の必需品かどうかの問題を超越したところにある一つの新しい世界です」（『人間・世間』）と説かれた世界です。

その世界における言語の位置づけを、あらためて考えます。すなわち、文芸一般と言語との

関係ですが、それについては、次の規定に代表される見方が、長い間の平均的・標準的な理解だったと言えるでしょう。――「言語は、大理石、青銅、粘土などが彫刻家の材料であるように、文学の媒材である」（サピア『言語』木坂千秋訳、傍点引用者）

言語を大理石や粘土と同列に置く平板な見解は大ざっぱすぎて、訂正の余地ありですが、それは後まわしにして、右のような規定はごく常識的で通用しやすいものでした。言語と心（乃至は芸術）を二元にとらえ、後者を優位に置く立場と言えます。

日本文芸学の創唱者、岡崎義恵教授は厳格な論法で精緻な理論を構築し、芸術としての文芸の概念の明確化につとめた学者ですが、文芸に対する言語の位置づけとなるとサピアと似たようなものでした。

文芸は芸術の中で言語文章を表現媒材とする特殊の様式を持つものである…　（『文芸学』）

文芸といふのは（中略）芸術の一部門で、表現媒材として言語を用ゐるものである。（『日本文芸学』）

特に、同教授は、「美」「芸術」という観点から、人間の文化（高文化）の中で文芸に高い地位を与えようとした理論家なので、言語は、美（美的理念）に形を与えるための手段・道具にすぎない、という位置づけをはっきりさせようとする意識がその定義に表われています。

平たく言えば、サピアや岡崎教授の立場は、心と言語の分離・二元論で、心（精神・理念・美意識）が上位にあって、材料としての言語を使いこなす（駆使する）のが文芸だということになります（サピアは、言語と文化一般との関係については、サピア＝ウォーフの仮説で知られる通り言語上位の思想で言語の支配力の強さを唱えた人ですが、言語と文芸の関係となると、いとも簡単に、言語を下位に置き、手段の地位にとどめて考えていたようです）。

日本でも古来、心（―芸術）と言葉の関係がさまざまに論じられてきましたが、それはまた後で少しふれるとして、明治以来、日本人が学んだ西洋の文芸理論では、文芸を種々の見方で定義してきました。諸説の中の、ポスネットの説（文芸は想像の結果。快楽を与えるのが目的）、セオドア・ハントの説（想像、感情や趣味を通じての思想の表現。一般の人々にわかりやすい非専門的形式による）、ハドソンの見解（知識を伝えると否とにかかわらず美的満足をもたらすのが理想的目的）………などを承けて、本間久雄教授（『文学概論』）は周到に文学の輪郭を画し、次のように説明されました。

すなわち、①想像・感情により読者を動かし、②専門的形式を採らず、③美的満足という快楽を与えるのが文学（＝文芸）である、と規定した上で、更に、ウィンチェスターの所説を引用しつつ、〈文学の要素〉は、①情緒、②想像、③思想、④形式、だとされたのです。

この第四の要素（形式）が言語ですから、ここに至ってはじめて言語の概念が登場しています。つまり言語は文芸の一つの要素だと位置づけられました。

吉田精一『文学概論』では、美学上の見解を引用して、芸術創造の活動を、①芸術の材料または素材の段階（自然・人事）、②芸術的把握および形式の段階（内的芸術。inner Kunst-werk）③表現あるいは仕上げ――外面化の段階、の三つに区分しつつ、絵画が色と形の、音楽が音の芸術であるのに対し、文学は言語の芸術であるとして「ことばを手段とする」（傍点引用者）という表現がされています。

これらの見解あたりが、西欧の文芸理論や美学・芸術学に源流を持つ在来的見解を総合・集成したものと言えそうです。

◎文芸と言語の関係――（その二）文芸は〈言語の世界〉の一部

これまで眺めてきた、文芸と言語の関係についての、いわば平均的な、あるいはオーソドックスな？　見方は、文芸の多くの要素の一つとして言語を位置づける立場であり、文芸が全体で、言語はその一部だ、とする見方です。――ところが、反転して、言語の中に文芸を包み込み、文芸は〈言語作品〉の一部であって、文芸を創作し鑑賞する行為は〈言語行動〉の一部、ととらえる立場が登場します。

思い併せるのは、既述したように、折口信夫教授が、早くから、人間は言語によって思考するのだから、文学以前の、日常生活にまで及ぶ言語が民族精神を規定している、と言っておられた事実です（「日本文学研究法 序説」）。――ここに見られるのは、サピア、ウォーフやヴァイスゲルバー、さらにはカッシーラーらと相通ずる思考内容で、単純に心が言語に先行し優越するのではない、言葉が心を制約するのだという立場です。

ごく常識的に考えてみても、芸術には言語を用いない芸術がさまざまありますが、先にも述べた通り、彫刻に用いる青銅はもっぱら彫刻の手段、絵画の絵の具は絵を描くためにだけ使うもの、またピアノや弦の音のような楽音は演奏する時だけ必要なものです。言語はそこが違うのです。歌を詠む時、句を吟ずる時、小説や戯曲、エッセイを書く時だけに必要なものではなくて、二十四時間、われわれのあらゆる生活の手段になっています。つまり、文芸の媒材、手段（と仮に言っておきますが）として役立つ以前に、人間生活の万般にわたって言語は役立っており、それが、ある時は芸術（文芸）のためにも用いられる。すなわち芸術専用の道具とは本質を異にするのです。

言語は人間の日常生活の全般に用いられ、芸術的な言語と日常語の区別はない。文学の材料である言語は、日常の言語に直結し、学問や記録の世界にまで連続している。

（浜田正秀『文芸学概論』）

ヴァレリが「詩人には音叉もメトロノームもなく、辞書と文法という極めて粗雑な道具しかない」と言ったというのは、右の事情を直視したもので、歌人上田三四二氏の、次の主張とも通い合うものがあります。

> 手拭をしぼるとき、男の力で、最後の一しぼりを加えると、はらりとなる。（中略）短歌の言葉もそのようでありたい。もともと実用のための雑《ざつ》な言葉を、無駄のない三十一音の言葉のかたちにするのが短歌である。だが、そのときも言葉は手拭と同様、それが実用に根ざすものであることを忘れてはならない。（『短歌一生』）

もっとも、詩歌に限定した場合は、折口信夫「詩語としての日本語」のように、強い生活力を持った日常の国語は「詩語としての煉熟を経てゐない。たゞ生きたまゝの語である」から詩人の仕事に取り組まない普通の人にとっては「日常語は単なるまるたん棒である」と〝雑な言葉〟の側面を強調し、日常語即詩語だと単純に言い切ってはならないと注意した立場があることにも留意すべきでしょう。

そこで思い併せたのは「歌の大事は詞の用捨にて侍るべし」「すべて詞に、あしきもなくよろしきもあるべからず、ただ続け柄にて、歌詞の勝劣侍るべし」（藤原定家「毎月抄」）に強く共感した作家竹西寛子氏の発言です。いわく、「辞書の中の言葉は、私達国民の共有財産であり、誰が使ってもいいかわり、どんな使い方をしても美しい表現になるというものではない」

「美しいのは、言葉の選択と接続がいい時に限られるのであって、一語一語すべてが美しいということはあり得ない。一語一語に美醜はない」（『日本の文学論』）。――やはり「言葉は手拭と同様、実用に根ざす」とする上田三四二説につながるものがあります。

　それにつけてクローズアップされるのは「文学の世界を、より広大な言語の世界との関連において眺める」（『国語学原論　続篇』）と宣言した時枝誠記《もとき》教授の立場です。

　〝言語過程説〟という独自の言語観を唱えた教授の文学観は、日本の中世の歌学や近世の国学の一部にも見られた考え方を背景にして、岡崎教授の考え方などに鋭く対立する見解を言明したものでした。

　それは「文学は言語である」という位置づけです。より詳しくは「文学は、ある修飾語を以て限定された言語である」というのですが、どのように「修飾語を以て限定され」るかと言えば、「文学は言語の匂ひゆく姿において把握されるものであり、折目正しい言語であり綾ある言語であるといふことになる」のです。――中世の歌学者京極為兼（藤原定家の曽孫）の『為兼卿和歌抄』の一節に「言葉にて心をよまむとすると、心のまゝに詞のにほひゆくとはかはれる所あるにこそ」とあることなどを援用して「言語の匂ひゆく姿」に文学を見る、というテーゼが立てられました。西洋流の多数意見に対し、日本の伝統的な文芸理論に立脚したアンチテーゼの提出だったとも言えます。

この規定には、言語を全体とし文学を部分とする（マクロな言語の中に文芸を包含する）見方が明白ですが、更に述べていわく、

文学を文学たらしめるものは、思想性そのものでもなく、思想や感動を、表現にまで持ち来たす一切の作用、読者或は聞手の立場で云ふならば、表現を理解する一切の作用において文学が文学として成立するといふことである。このやうにして、呼びかける言葉も文学となり、挨拶の言葉も文学となつて行くのである。「あなにやしえをとこを」「あなにやしえをとめを」といふ陰陽二神の唱和（古事記上）を、歌の起源とする考え方の根拠も、ここに見出せるのである。（『国語学原論　続篇』）

右の「呼びかける言葉も…」以下の論理には、「其自体文学動機を持つてゐないで、別の効果の予期から出発してゐる」ところの「文学に非ざる文学」（折口信夫『日本文学の発生　序説』）という概念と呼応するものがあります。「文学に非ざる文学」すなわち「作品以前」こそ文芸の萌芽であって、「民謡は実に民衆の声で、其の声は民衆の共産として目すべく、詰る処民衆の有する天与の作詩気分が産み出したもの」（高野辰之『日本歌謡史』）という「民衆の声」は、文芸の萌芽、前段階をなす声です。

文芸というカテゴリを先ず確定してその中に言語の位置づけを考えるのとは反対に、はじめ

に言語ありき、その「広大な言語の世界」の中に文芸を発見し位置づける立場に立つのが時枝説です。岡崎文芸学が、文芸は言語的芸術か芸術的言語かを問うて前者の見解を選ぶ、とする立場であるのとは真っ向から対立する立場で、岡崎文芸学は「文学の本体を衝くには、先づ、媒材である言語を取り除き、その素材となつてゐる思想の美によつてこれを規定する」（時枝『国語学原論 続篇』）ものではないか、という強い反撥が生まれたゆえんです。

◎日本的と西欧的――詩歌重視と散文重視

文芸を全体（芸術）とし、その形式なり材料・手段なりが言語だという位置づけをする行き方と、反転して、先ず言語を全体とし、無数の言語作品（日常の挨拶から講義・演説・広告・手紙文・詩歌・小説・法律の文章などのすべてにわたる）の中から限定されたものを文芸として特立する立場と――二つに大別して眺めましたが、どちらかと言えば、前者は、ヨーロッパ流の美学・芸術学の見解を基礎に持った考え方です。そして後者の文化的背景には、日本古来の歌学や国学流の見方があります。

また、前者は散文による文芸（小説や随筆・批評など。特に近代の小説）を念頭に置き、後者はより多く詩歌・律語を文芸の代表として意識している、その違いに由来する見方の対立だとする評もあります。日本には歌や俳句を作る人口が厖大で、律語は日本人にとっては日常的な文芸になっているので、そのような文化共同体日本の特性も、詩歌を文芸の代表と暗黙裡に考えるかのような時枝理論の背景にある。それは留意すべき点です。もっとも、教会の説教でも議会の演説でも、「綾ある言語」には文芸作品と見るべきものがある、というのが時枝説であって、そのような視野から文芸を規定する立場なのですが、それにしても、文芸を文芸以外から区別する基準として、あるレベル以上のレトリックが求められていることは確かです。

特に、散文と詩歌（律語）を比べた場合、レトリックが際立って印象づけられるはずのものは詩歌ですが、それは詩歌の次の本質によります。

> 詩歌の特色は、表現それ自体が感覚的な喜びとして味われることである。詩歌の中にも、行動や会話や自然描写などがあるけれども、それらが説明のために使われているのでない点が、散文と違う。その表現の言葉自体が、効果を生むのである。（中略）内容は具体的に理解できなくてもいいのであって、結果として人に与える感覚的な印象が具体的であればいい。すなわち、説明でなく、訴えが具体的であればいい。その感覚的な訴えが、普通には韻律の中に込められているのである。
>
> （伊藤整『文学入門』）

「説明」でなく「感覚的な訴え」だというところに日本の言語文化、そして日本文化一般の特色が如実に現れています。まさに日本人の意識構造の反映そのものであって、日本民族の心に占める詩歌の重みがあらためて理解できます。日常の言語生活で、欧米人はバイブルに由来する常用句を多く愛用するのに、一方、日本人は古来の詩歌の文句を頻繁に日常会話にも引用する伝統があります。また、作家高見順は自作の小説に『今ひとたびの』と題し、宝塚歌劇の芸名には長いこと平安朝の古歌の一句などを借りたものが多かった。――文芸民族と言える日本人が、とりわけて〝詩歌民族〟であることを示す一面です。

一方、本間久雄『文学概論』に紹介されたウォルター・ペイタア（『文体論』）の所説によれば、近代社会そのものが複雑で多種多様であるために、そこから生ずる複雑な思想・感情を表現するには、律語という拘束された形式よりも、拘束のない散文の形式に依らねばならなくなったこと、そして、社会事象をありのままに観察しようとする自然主義的傾向は「芸術家をしてその態度を謙遜ならしめ、律語のような野心的な形式よりも平凡な散文の形式を選ばしめるに至った」という次第です。――このような、主題や思想を中心に置く潮流の中では、言語表現（レトリック）の特性から文芸を規定する時枝流の「匂ひゆく姿」説などは重視されにくいものになるでしょう。

ただし、日本の文芸理念の中心が、長い間、歌の理念、それに連なる俳諧の思想だったのに対して、散文の世界をも包括する「もののあはれ」の理念を強調した本居宣長が、歌のよしあしは「詞」にあって「情」に非ずと言いながら、また「歌よむは物のあはれにたへぬ時のわざなり」（『石上私淑言』）と情の重視をも言っている。これをとらえて竹西寛子氏は「宣長にあっては、歌と物語が、本質においていささかも異なるものでなかった…」（『日本の文学論』）と評しました。詩歌と物語・小説との二分論にも限度があるべきだという深い示唆を受けます。

◎美的径路――文芸を文芸たらしめるもの

そこで、詩歌や小説の別などにかかわらず、すべての文芸に共通の、本質的要素は何かを考えなければなりません。

文芸の文芸たるゆえんは内面・思想の美にあり、という〝芸術学派〟と、文芸の本質は言語表現の美にあり、とする〝言語学派〟との対立などを眺めてきたのですが、ここに傾聴すべきは、本間久雄『文学概論』に見えるこの発言です。いわく、生のままの情緒、感情が「精錬されて文学作品となるには、心理上の或る特殊の径路を取ることが必要である」。

その〝特殊の心的径路〟とは、

　描かうとするかず〳〵の素材や対象を、一応実際的感情から離れたものとして眺め、そしてそれらを頭の中の坩堝《るつぼ》で濾化《（ママ）》し、浄化、醇化して、その精髄《エッセンス》を取出す

という〈美的径路〉(aesthetic process) だとされるのです。

いわば、芸術の世界は、実感に則りながら実感を「遊離」した〝影の世界〟、仮象の世界であって、しかも表現対象を（意識的にまたは無意識的に）選択・按排・調整、すなわち「修

補」して表現するものである。その経過が〈美的径路〉なのだ、ということになります。――怨念でなく「歌は、浄念でなければならぬ」と唱える上田三四二氏が「きれいごとを歌えというのではない。歌うことの内容は何であっても、一首の背後に透明な空間を」（『短歌一生』）感じさせせよ、と主張するのも、美的径路を経たものこそ文芸だ、という趣意でしょう。

その径路を経て「精錬」されるのは内容だけではありません。言語（レトリック）もまた、選ばれ、練られ、磨かれる。つまり、日常の〝丸太ん棒〟の形そのままの語句でも、高められ、美的洗練の跡を生じて、日常とは際立った言語空間が生まれるはずなのです。「どんな使い方をしても美しい表現になるというものではない」（竹西寛子『日本の文学論』）のであり、「精錬」は大いに「詞の用捨」（藤原定家）にもかかっているのです。ここが肝腎です。

伊藤整『文学入門』には〈移転〉という概念が用いられていて、例えば、ある恋愛事件をそっくり全部書いていては、良い作品にならない、と言い、

（作者が）感銘を受けたところだけが純粋に結晶するような、べつな物語りの構造が必要なのである。その作られた、べつな物語りの中に、体験の感銘が移されると、その時はじめて、その恋愛体験の中の純粋な部分が生かされる。この移転ということがなければ、芸術作品は成りたたない。（傍点引用者）

と説明してあります。詩歌にもこの移転の操作は必須だと説かれていますが、必ずそこで〈美的径路〉を通るはずなのです。そこに芸術として際立った精神空間と言語空間が創り出されるのだと考えられるわけです。

吉田精一『文学概論』流に言えば「芸術品は作者の人格を通り、イメージによって生まれる」――そのプロセスであるから、描かれたものが「人生さながらでないことはいうまでもない」。つまり〈修補〉乃至〈移転〉の営みが行われているのだという意味でしょう。

◎作品の文芸性と人間における「美」

『徒然草』は日本文学史の上で最高の随筆、無二の批評文学（小林秀雄）とされています。元来が随筆ならば文芸そのものであるはずだが、小西甚一教授は『徒然草』の本質は教訓書であるとし、だからこそ何百年も読み継がれたのだと説明しました（『中世の文藝』）。言われてみれば「花はさかりに、月はくまなきをのみ見るものかは」「何事も入りたたぬさましたるぞよき」「家居のつきづきしくあらまほしきこそ、かりの宿りと思へど興あるものなれ」……たしかに教訓書だと納得できます。しかし一つ一つに人間的な味わいを含んだ声が響いてくる。単なる教訓よりもふくらみがあり、掬すべき滋味があります。読者は兼好法師の教え戒める声を聞くだけでなく、心を豊かにしてくれる、「匂ひゆく」言葉に惹かれるのだと思う。つまり文芸の味わいに惹かれる。兼好流に言えば「ことばの外にけしき覚ゆる」のです。元来が教訓書だったとしても、同時に文芸として最高の価値をも示しています。

十九世紀の英国の文学者デ・クィンシーが科学・哲学など知識の伝達を主とした学問と区別して〝力の文学〟と名づけたものこそ言語芸術としての文芸ですが、これは「読者の想像を喚起し感情を刺戟して読者を動かす」（本間久雄『文学概論』）ものです。『徒然草』が教訓の単なる伝達だけであるならば、内容を理解したらくり返して読みたい気持は起きにくい。しかし実際にはくり返し読みたくなります。読むことが快いからです。美的径路を経た精神空間・言語空間に接するからです。その美的世界が他に卓越しているところに作品の文芸性がある。『徒然草』などはまさに適例です。

科学も文学もどちらも言葉である——と時枝教授に似た考えを先んじて表明した物理学者寺田寅彦は「科学論文にも人間的な声が聞こえるはずである」と言う。人間的な声が心を洗い、心に沁み入るならば、「広大な言語の世界」（時枝）の中のどのジャンルでも文芸の性格を帯びている、と考えられ、「言葉の匂ひゆく姿」が見出されることになります。

「移転」に文芸の本質を見る伊藤整『文学入門』には、〝韻律感〟といった概念を鍵にした見方を展開した後「物語文学の芸術性も詩歌や音楽と同じである」と明言してあり、宣長の見方の延長・深化を感じさせます。

〈美的径路〉もしくは〈移転〉といった概念によって文芸の本質を見定めれば、散文重視も詩歌重視も共通の見方に大きく包摂され統合されます。どちらを重視するかで文芸の本質観が分かれることはなく、したがって、文芸と言語との関係について、二派が対立することの意味はとぼしくなってしまいます。

もう一つ言い足しておくと、美学者今道友信教授によれば「言語がなければ人間において美は発見せられないであろう」(『東京大学公開講座9　言語』)。人間における美は言語と同時存在なのだというのです。そのような美学的見地からすれば、かつて「美学を基礎理論として持つ」文芸学を唱えながら、言語は美と切り離された手段・媒材にすぎないとした岡崎文芸学には隙があったと言わざるをえないでしょう。今道説は期せずして時枝説を部分的にはバックアップする結果にもなっていると見ます。

文芸は民族を写す鏡

ルース・ベネディクトは日本人を研究するために日本の文芸や映画を活用しました。津田左右吉『文学に現はれたる我が国民思想の研究』という超大作は、文学史をたどって国民性もしくは「生活気分」の変遷をとらえようとしたものでした。つまり高文化たる文芸を通して民族全体の広大な文化を知ろうとする壮大な試みでした。時枝誠記教授が文学史は「天才の創作史であると同時に、一般読者の鑑賞の歴史でもある」とし、その側面をも記述してこそ「その民族の精神史となる」(『国語学原論　続篇』、傍点引用者)とされたところにも共通する思想があったと思います。

つまり文芸の創作と鑑賞には、民族の姿と心が描かれ反映している。その姿と心を読み取ることは民族性や文化全般の研究に連なる。文芸研究の重要な視点の一つとすべきことです。「日本人に民族的執拗のないことも『古事記』の神話でよく説明されている」（長谷川如是閑『日本的性格』）というのもその一例であり、同書はまた、上代女流文学の描写の態度は「近代的」だとして「それは先史時代からの日本的性格の伝承にほかならない」と、民族性の反映を見ています。あるいはまた「源氏物語や枕草子などを繙いて見てもその中には『日本』のあらゆる相貌を指摘する際に参考すべき一種の目録書きが包蔵されてゐる」（寺田寅彦「日本人の自然観」）とも言われるのです。

同時に他面では、その民族固有の文芸にそなわる性格そのものが、民族の文化の重要側面になります。岡崎義恵教授は「文芸の国民様式は、他の芸術におけるよりも、遥かに顕著にして重大なものである」（『文芸学』）と言い、日本文芸の日本文芸たるゆえんはその「日本的様式」にあり、そのような国民様式は「国語」と「国民性」を根拠とする、とされました。この本の「基礎論」以来の立場で言うと、〈民族様式は民族語と民族性を根拠とする〉と言えます。

「常凡な群衆の文学」すなわち民衆の共産たる「非文学」「作品以前」の段階からぬきん出て「能才の文学の孤立した高さ」（折口信夫「日本文学研究法　序説」）を示す文芸といえども、民族語と民族性のワクの外にあるものではない。「能才」も日本語を用いる日本人である以上、その人々の創作する文芸の様式自体が〝日本人らしさ〟の一側面を成すものなのです。

言語作品の一部である文芸を〈言語文化〉乃至〈日本語文化〉研究の視野の中に入れようと、この本で考えるゆえんです。

◎文芸の日本的性格（その一）

では、〝日本人らしさ〟の指標にもなる日本文芸の特徴的傾向はどこにあるか。そもそも、宗教の教義や哲学や科学を得意の領分としなかった日本民族が、総じて〝芸術民族〟であり〝文芸民族〟であること――そのこと自体が〝日本人らしさ〟ですが、更に細かく見ると、何項目か挙げることができます。

ヘルマン・ヘッセは、日本の俳句が単純さと短さを求めたものであることに感嘆し、日本の抒情詩を読んだのちには、ドイツ抒情詩は間のびがしているように見える、と評したそうです。抒情詩に限らず、文芸のすべてのジャンルにわたって、日本人から見れば、欧米などの作品は長すぎる、もっと短くていい――これが日本人の暗黙裡の好みです。昔男ありけり、で沢山だと谷崎も言いました。作る立場でも、鑑賞する立場でも、それは共通しています。

文芸についてのこの好みは、第一部第六章に説いた日本人の美意識に見られる「ささやか」好みと表裏一体です。俳句と対極に位置する大長篇文芸は生まれにくく、「われわれはついに、ホーマー、アーサー王、ニーベルンゲン、ベーオウルフ、あるいはダンテの『神曲』といった大叙事詩をもち得なかった。『水滸《こ》伝』や『西遊記』もわれわれのものではなかった」（吉田精一『古典文学入門』）。

和歌の世界でも、『万葉集』の後は長歌は衰え、短歌が和歌の同義語になって行きます。近代に入って散文の世界に出現した大河小説は、数も多くはなく、作品の出来の点でも評価に迷います。磨きのかかった小説は、芥川、初期の菊池寛、志賀直哉や永井龍男の短篇に代表されると思います。「われわれの国民性が、大味で破綻《たん》はあるが、壮大な作品よりも、つぶが小さくとも、小味で、洗練された作品を好む」（吉田、前掲書）のはくり返すまでもないことで、やはり「『源氏物語』は、例外中の例外的な所産であった」（同書）と言ってよいのでしょう。

◎文芸の日本的性格（その二）

短小好みの次に挙げられる特徴は、第一部第四章にも言った無構造・無結節の思考様式と一体の関係にあるものです。シャープな、彫りの深い構想を得意としない、という点です。

吉田教授（前掲書）いわく、

物語最大の傑作たる『源氏物語』にしても、並列的な構成で厳密な統一性に欠けている。絵巻物は（中略）部分部分の独立した美しさを味わうべきものであり、中心が場面場面に分散している。そして個々の場面の連絡は必ずしも緊密ではない。

これは歌舞伎劇の構成ともそっくりです。小説では『好色一代男』『好色一代女』『世間胸算用』、近代の『暗夜行路』や『雪国』『千羽鶴』にも当てはまると吉田教授は評します。『雪国』『千羽鶴』が一度出版された後でまた書き続けられたのは有名な話ですが「どこでも切れ何時でも完成される。（中略）どこで切れてもよいということは、思想の統一に対する、また論理的な構成に対する軽蔑でもある。それは他面からいえば、絶えず移動して行く視点の変化を意味することにもなる」（同書）。「そしてこうしたルーズな構成には、またそれにともなう一種の美しさのあることも否定できない。しばしば神韻縹緲《しんいんひょうびょう》とか、余韻があるとかいう評をうけるのが、ルーズな構成に由来することもありうるのである」（吉田『文学概論』）。

日本音楽にはオーケストラがかつてはなかった。それは社会生活の中で人間の生活意識が自分の職業の範囲に閉じ込められて他の部門について考えたり批評したりすることがない、つまりヨコの組み合わせがないことの現われなのだと、伊藤整氏（『文学入門』）は解しています。「そのような社会では、物語りは、ある男がただ、つぎつぎと、いろいろな仕事につき、いろいろな女に会うという一本の筋の話が、または幾種類かの男がつぎつぎにある女の経歴の中に出てくる、という形式で作られているし、読む人もそれで満足するのである」（同書）。

そのような〈並列的な構造〉から抜け出せないのが『竹取物語』から現代に至るまでの傾向だとする伊藤氏は、「その各部分においては、ひじょうに大きな力を持った偉大な作品」の『源氏物語』でさえ並列的な絵巻物風の構造であると、吉田教授と同じに評し、西鶴の小説も『細雪』も同様のケースだと見ました。

こうした伝統の中で、例外的に、森鷗外と夏目漱石は西欧的な知性と東洋風の教養を併せ蔵して「近代最高の文藝」（小西甚一『日本文学史』）を生んだ巨人でしたが、小西教授は、鷗外の後期作品は「とくに歴史小説の領域では、精緻をきわめた論理的構成のもとに、あざやかな人間像を完成している」（同書）と評しました。鷗外が「社会とのつながりにおいて人間の本性を叡知的に描き切った」（同書）のは〝オーケストラのなかった〟社会的文脈へのアンチテーゼだったでしょう。また、小説の構造から見て、一個人の生活を展開する「受動体小説」が日本に多いと指摘する吉田教授（『文学概論』）は、特定の場面や事件を卓立させる「能動体小説」として漱石後期の諸作（とりわけ『明暗』）をはじめ、有島武郎『或る女』、谷崎潤一郎『鍵』などを、平板でない立体的構造の作品だと評価しました。

並列的な構造に関連しては、伊藤氏の言う「日本的感動」という概念が浮上します。「とくに日本人は、タテにわれわれを感動させる生命の意識にのみ敏感であって、ヨコの問題、すなわち社会関係において、ものを考えることはへたであり、本質的にそれを嫌う傾向が強い」(『文学入門』)と伊藤氏は見て、「人間がたがいに、ヨコにもタテにもいろいろの結びつき方をしているものとして描くことの方が、本当の小説らしい、と現代では考えられている。しかし小説の形式というものは、急に変化するものでなく、」と言います。根強い伝統である並列形式は、その底に、一五四ページに引用した「日本人の根本的な発想法」があり、それが宗教や芸術までも支配するので、「小さなエピソードの反復によって、無常感を深めてゆくという方法」が効果を生むのだと説明しました。代表的な成功例は『平家物語』で、近代の田山花袋作品『再び草の野に』『時は過ぎ行く』なども同じ型に属するとして、いわく、この方式こそ「われわれ日本民族の中に深く根をおろした、もっとも永続的な感動形式である」。

◎文芸の日本的性格(その三)

その次に挙げられる特徴は、虚構性のとぼしさです。

文芸とフィクションを同義語だとさえ感じる常識的感覚とは相違して、現実に忠実な内容が少なくない。日本に特有のものとされる「私小説」は、作家の身辺、その日常の経験を材に取り、格別の虚構を加えず素材そのままを書き連ねた趣のものと言われます(小西甚一『日本文学史』には、私小説の多くは「日記」文学に属するとあります)。「近代に入って西洋から学んだ文学理論は、その斬新さをもって、それまでの文学の流れを断ち切るかに見えたけれども、結局は、それを極めて日本的に翻訳した特異な『自然主義文学』を生み、それが文壇の主流を占めて、そこからさらに『私小説』という独特のジャンルが生まれてくるというかたちで、日本文学の流れは、近代の文学にも、強く引き継がれているのである」（阪倉篤義「日本的知性と日本語」―『講座日本思想2・知性』）――そのような結果を生んだのも、おそらく太古の日本人の感覚にもつながる事物認識に淵源するもので、二三三ページに記した、古い日本の歌謡に現われる比喩が、日常身辺のささやかな事物を材とするものに限られ、壮大な視野や大規模な想像力を感じさせるものではなかったこととも趣を一にするものだと思います。

　さかのぼれば神話の性格もそれと共通すると言えるらしい。「ギリシャ神話などに比較して、日本の神話が非芸術的といわれるのも、一つはmyth《ミッス》の観念の弱さに由来するであろう」（吉田精一『古典文学入門』）

「我国民の民族魂と云つたやうなものゝ由来を研究する資料としては、万葉集などよりも更により以上に記紀の神話が重要な地位を占めるものではないか」（「神話と地球物理学」）と評する寺田寅彦は、「我邦の説話が地球物理学的に見ても可なり迄《ママ》我邦に相応はしい真実を含んだものであるといふことから考へて、其他の人事的な説話の中にも、案外可なりに多くの史実或は史実の影像が残されてゐるのではないか」（同前）と言う。つまりは日本神話にドキュメントの性格が強いというのではないでしょうか？

……細部についての感受性のするどい反面、大がかりな想像力や、はげしい力動感に、日本の古典文学がめぐまれていないことは、これまた日本人の素質と関係するのであろうが、明白な事実である。日本文学はいわゆる象徴性に富みながら、宗教的な深みをもたず、超現実的な神秘性に欠けている。感情的にも平衡と中庸を重んじて、怪奇と超自然をよせつけない。上田秋成のような存在は、一種の異端とさえ思われる。

（吉田精一『古典文学入門』、傍点引用者）

続けていわく、能楽は例外のようだが「怪異や怨霊《おんりょう》はかんたんに調伏され、執念の物凄《すご》さを感じさせる力は案外弱い」と。いかにも、と納得しますが、また一方、吉田教授（『文学概論』）は馬琴の『南総里見八犬伝』を「空想にもとづく、怪奇神秘な物語」として特筆し、あのようなすぐれたロマンが「近代の作者に書けなくなっているだけ」の事情によって、自然主義以降の文学観が『八犬伝』を純文学から除外したことを惜しみました。伝奇的神秘性を追求する芽が摘み取られたと解されるでしょう。

能楽、歌舞伎といった伝統芸能をたどれば、明治以後の演劇から映画、テレビドラマなど、文芸の領域を超えた総合芸術を視野に入れなければなりません。それの持つ本質の中で言語や文芸はどう意義づけられるか、そして、日本の場合は、日本的民族様式が文芸と同じように見出されるか、というテーマへと連続するので、それについて付言しましょう。

●総合芸術に見る日本的様式

そこで、言語芸術としての文芸の延長線上に、言語と非言語諸要素との複合する芸術・芸能の諸分野を視界に入れ、特に「総合芸術」と呼ばれる演劇・映画に目を注ぎます。

「戯曲は英語でDramaといふ。演劇の土台となる文学的作品である」（本間久雄『文学概論』、傍点引用者）――〝日本のシェイクスピア〟近松門左衛門は人形浄瑠璃作者の立場で「戯曲」を独立の文芸作品として確立することに貢献した功労者でした。

戯曲（映画では脚本《シナリオ》と言う）は独立した言語作品であると共に、演劇・映画という総合芸術に発展する前段階の役割を担っています。小説・物語と異なり、多種多様の非言語要素との総合による〝立体化〟を前提にした高言語文化です。そこで、ただ読むのでなく「舞台を予想して読まねば、戯曲は理解できない」（吉田精一『文学概論』）。上演された完成段階を予想できるのがすぐれた読者です。その点で、フィルムに定着した映像を最終段階とする映画のほうが、特殊撮影などまで含んだ多種の専門技法が駆使されるので、完成段階を予想することが舞台上の演劇よりは難しい点があります。シナリオは完成段階との距離が大きすぎるため、その文芸としての独立性に否定的な見解（新藤兼人監督ら）も出されることになります。

小説と違って戯曲の類はセリフの比率が圧倒的に高く、また、演劇も映画も時間の制限を受けた芸術なので、人生の「劇的瞬間をとらえ」た「短くはげしき」芸術であって（吉田、前掲書）「過去を現在として吾々の眼前に現出」（本間、前掲書）するものです。映画も演劇も一定の時間内に観客の眼前に同時進行するのです。

書かれた劇的瞬間が、作者の意図通り、または意図以上に、舞台や映画に具体化されれば総合芸術の成功です。——女優久我美子が木下恵介監督の映画を評して「先生の映画《シャシン》は脚本《ホン》で拝見した時よりずっとふくらみが出ていて素敵なんですよ」と言った（NHK衛星放送）のは、天才の称ある木下監督が多彩な技法を自在に駆使して脚本（ほとんど自作）の中の世界を数段鮮やかに具象化する才能に感嘆したわけです。吉田精一教授はモリエールの戯曲を読んだ時はそれほど面白くもなかったがパリのコメディ・フランセーズでその上演を見たらモリエールがいかに面白いかがわかったそうです。「日本の歌舞伎などは、脚本を読むと支離滅裂で実に下らないと思うものが多い。ところが舞台にかけると、音楽的効果、絵画的効果、および役者の演技力によって、しばしば陶酔境に入れられることを経験する」（吉田、前掲書）。総合芸術ならでは、です。

このような特質を持った演劇も映画も、基本的には固有の文化を担った共同体から生まれます。共同体特有の様式はどんな点に見出されるのか？

谷崎潤一郎は、アメリカとドイツ・フランスの映画では陰翳や色調の様子が違い、写真面だけでも国民性の差異があると指摘し、「われ〴〵に固有の写真術があったら、どんなにわれ〳〵の皮膚や容貌や気候風土に適したものであったかと思う」（『陰翳礼讃』）と言いました。木村伊兵衛、浜谷浩といった写真家によって日本の風土と人を描く写真術が磨かれましたが、総合芸術としての映画では宮川一夫キャメラマンが特筆されます。

日本人に元来パースペクティブの観念は薄く遠近法にもとづく空間には無頓着でした。巨匠溝口健二監督は「映画を絵巻物のように撮る」と念願した人ですが、宮川氏は見事にこれに応え、遠近感をやわらげ日本人の感性に合わせた絵巻物風の絵作りに成功した、と渡辺浩《ゆたか》キャメラマンは分析します（渡辺『映像を彫る―撮影監督宮川一夫の世界』）。

「（宮川は）日本の空間の厚みを光と色とのニュアンスで表現しようとするのである。これは葛飾北斎が浮世絵で試みたこととまったく同じではなかろうか」。宮川氏の画調《トーン》は「モノクローム、カラー作品ともやわらかい。（特にモノクロでの）グレー・トーンの豊麗さが、日本のアジア・モンスーン地帯独得の風景を美しく描写する」（同書）。「重々しい西洋ふうの空間ではない」日本の自然と人間が、ソフトでしかも朦朧としない画調で描出された映像の数々。『無法松の一生』（白黒版）『雨月物語』『近松物語』、カラーでは『夜の河』『新平家物語』……映像の民族様式を代表する画面ばかりです。

〝軟調の三浦〟の名を残す三浦光雄キャメラマンの絵作りもしっとりした日本の景観の描出

だったと思いますが、一方、邦劇の舞台が日本の風土の特性を美しく再現しているのも勿論で、日本の舞台装置や照明の深みは世界に例を見ない。舞台照明の神様・小川昇氏や秋本道男氏ほかの高弟の技術も世界の水準にぬきん出たものと思います。

「一国の国民生活の感覚」を知るには「劇を見るのがいちばんいい」（長谷川如是閑『日本的性格』）――それは舞台や画面から視覚的に知られるだけではない、内容がまた重要です。

伝統的日本演劇の一大特色は「宗教心の稀薄さ」（高野辰之『藝淵耽溺』）で、現実主義の楽天生活を送った農耕の民は哲学的・宗教的懊悩がなく、ギリシャ劇にあるような運命観などに成るものは皆無。その系統の悲劇「マクベス」「ハムレット」もなかった。能楽が示す仏教思想は、幽玄の世界に引き込むためのもので、信仰の念を高める目的はなかった、と。

無私の精神や心情主義（第一部第五章）にマッチする勧善懲悪劇、自己修養物、俠客物、やくざ物は大いに受けたが、新しい思潮に基づいた近代以後の日本演劇、殊に新劇は、伝統の河流に新たな要素として溶け込むに至りませんでした。歌舞伎は勿論、映画でも『忠臣蔵』人気は永続し、〝全共闘〟世代が席捲した一九七〇年代は任俠物全盛で、スーパースター高倉健、藤純子を若い観客が支持したのも、日本的性格の一面でしょう。

溝口健二監督が「絵巻物」を映画作りのヒントに考えたのは、文芸における並列的な構造（伊藤整）の伝統に連接しています。小津安二郎監督の映画がドラマチックでなく〝随筆〟だと評されたのも日本文芸の虚構性の稀薄さに連なるもので、小津監督は架空の材料を排し、現実にあった断片的事実だけを材に用いて一篇を構成する主義だったようです。

小津映画はテンポがのろく映画的でないとも評されたが、しかし「テンポののろさは日本的な性格からくるもので、それは、腹芸に属するものだ」（北川冬彦）。腹芸ならセリフも極度に少なく、短い会話の集積です。そこでは抑制された演技の出来るのが名優で、それは米国の映画人をも感嘆させるようです（二四八ページ）。小津安二郎・成瀬巳喜男らは戯曲の久保田万太郎同様、セリフの切り詰めにつとめた監督の代表で、西欧型のセリフ劇を受容しない日本的感覚の側に立ちました。ドストエフスキーを翻案した黒澤明監督の『白痴』が息づまるセリフの応酬でクライマックスを立体化したのは西洋的作劇術移植の野心を見せた一例です。

「ぼくのテーマは〝ものの哀《あわ》れ〟という極めて日本的なもので、日本人を描いているからにはこれでいいと思う」（小津安二郎）――映画が共同体の心的文化に立脚することへの信念、その民族様式への自信・自負がこもっています。同監督の作品には「禅」の境地があるとも評されますが、禅が影響した日本の高文化の一つに俳句があり、小津監督は敗戦後早々すでに「不易流行」を口にしたそうです。

「様式美を重んじるようになってからの小津作品には、多分に、俳句の構成、特に連句の構成に一脈通じるモンタージュが感じられる……」「（俳句と切り離せない小津の映画芸術観が）

彼の作家的特質とむすんで世界中にひとつしかないといっていい様式を生みだしているように受け取れるのである」（飯田心美「小津安二郎の境地」―『キネマ旬報』昭和三八年一月上旬号）

総合芸術である演劇や映画は言語だけで出来てはいない。しかしその芸術の根源にあるものは言語だ、という見方がなされるのは諸々の意味で当然です。篠田正浩監督は「七五調の短歌や俳句というものが自分のなかに根強く残って、日本の映画のリズムをつくっているような気がします」（『日本語の語法で撮りたい』）と言い、「俳句を詠んだような鮮やかな叙景の転換」が「小津安二郎の映画の基調になっていると思う」とも評しました。

篠田監督はまたいわく、「俳句や短歌を支える七五調という韻文が自分の映画にも響いているのではないかと思うのは、映画が音楽と同じように時間の芸術であるからでしょう」（同書）。勿論、言語も時間的継起性を本質とするもので、言語芸術である文芸も時間の芸術です。その言語芸術が総合芸術の根底に響いているのだとすれば、映画も演劇も、究極の本質的要素は言語だと言わねばなりません。

多面的・重層的に見ていくと、映画演劇を支配するものも文芸と同じく〈民族語と民族性を根拠とする民族様式〉だというところに当然ながら帰結するようです。

あとがき

十年以上前に第一稿に着手してから、書き継ぎ、また書き直しを重ねて、やっと三〇五ページの一巻を完成した。大きな安堵と一種の感慨を覚える。

日本は、アジア的でも欧米的でもないユニークな歴史的個体である（本文四ページ）。日本人はあらためてこの自己認識に立つ必要がある。〝国際化〟はくり返し言われるものの、自己認識も異文化認識も不足しているのが現状である。国内外の諸行動の原点として自己を知り、また自己の育んできた文化的特性を国際社会に知らせる余地はまだまだ大きい。

他面、日本語を特殊視しすぎる傾向も依然として強い。述語が文末に来るセンテンスは「世界に稀だ」などという甚だしい自己誤認もある。それらを正し、日本文化や世界諸言語との関係を見きわめながら日本語の姿を眺める視点も必要である。

この本は、上述の問題意識をベースに、いくらか新鮮な視点をも提示しつつ概論風の説述につとめたものである。日本語を母語とする人・しない人の別なく、一般読書人の味読を得、内外の研究者・学生の理解と考察の深まりも得られれば幸いに思う。

文化一般を研究する領域と言語を研究する領域に架橋し、両者を包括する視野から、「日本学」とも呼べる知識の像を作り上げたい著者の念願は早くからのものであった。この本もその一つの試みと考え、大略、第一部は日本文化論、第二部は日本言語文化論、という構成にしてある。

人文の学《ヒューマニティーズ》の明らかにすべきものは、必ずしも、文化共同体・言語共同体といった集団（その基本と見られるのは民族）の次元でとらえられる「人間」だけではないが、この本は基本的な観察・考察の対象を民族、とりわけ日本語を母語とする日本人という共同体に置いている。異文化接触や国際行動が重要テーマとされる現代にあっては、多くの意味で重要さを失わない知識の分野だと信ずるからである。

その問題意識での講義を各大学で行ったので、この本の記述は東京工業大・東京外語大・法政大教養部・玉川大通信教育部・慶応大文学部・上智大外国語学部・静岡県立大国際関係学部などの教壇で話したことを幾分かずつ含み、既刊の著作との重複も含んでいる。が、全巻の構成は、神戸大文学部（昭和六十三年度）と麗澤大外国語学部（平成九〜十二年度）での集中講義とほぼ全同にし、内容はかなり大幅に入れかえ、また増補したところがある。

この本の目ざしたような方向への知識構築に目ざめたのは、金田一春彦博士の影響と築島謙三博士のご誘掖によったのであった。また、「日本的表現」の考察を重視された佐久間鼎博士の直話や著作、言語と文芸の関係に新たな議論を展開された時枝誠記博士の講義や著作の含んだ意義を、年を経るにつれて理解したところがあり、その理解をこの本の論述に反映させることにつとめた。また、謦咳に接しなかった諸先達から受けた学恩の深さは、本文の叙述を通してご推察いただきたい。

佐久間・時枝・築島の三先達はつとに世を去られ、完成した拙著をご笑覧に供することができるのは金田一博士お一人と、昼夜兼行の勢いで仕上げに熱中していたこの五月、突如博士の訃報に接し、ささやかな産果も、御魂に捧げるほかないことになった。思ってもみなかった痛恨事と言うしかない。ここにあらためて諸先学の大きな学恩に深い感謝の気持を捧げる。

遅筆はいつもの習いであるが、編集部の米山順一氏がこの本の企画を持ち込み執筆を依頼された時からは並みはずれて長い歳月が経過した。編集部には非常なご迷惑をかけたのである。約三十年前からの畏友、藤田侊一郎氏が辛抱強く待ち、雑談・歓談のうちにしばしば著者の執筆意欲を刺戟されたおかげで小著は刊行できた。感無量、心嬉しい結実、と謝辞をくり返したい。

二〇〇四（平成十六）年新涼の頃

芳賀　綏

朱　　　捷『においとひびき』（2001，白水社）
鈴木　大拙（北川桃雄訳）『禅と日本文化』（1940，岩波新書）
鈴木　孝夫『ことばと文化』（1973，岩波新書）
　同　　『閉された言語・日本語の世界』（1975，新潮社）
タウト，B.（森儁郎訳）『日本文化私観』（1992，講談社学術文庫）
高野　辰之『日本歌謡史』
（1925，春秋社。改訂増補版の復刻 1978，五月書房）
竹西　寛子『日本の文学論』（1995，講談社）
谷崎潤一郎『陰翳礼讃』（1975，中公文庫）
築島　謙三『ことばの本性』（1959，法政大学出版局）
　同　　『文化心理学基礎論』（1962，勁草書房）
寺田　寅彦『風土と文学』（1950，角川書店）
時枝　誠記『国語学原論 続篇』（1955，岩波書店）
中川　　剛『日本人の法感覚』（1989，講談社現代新書）
中村　菊男『日本人を動かすもの』（1973，日本教文社）
　同　　『政治文化論』（1985，講談社学術文庫）
中山　　治『「ぼかし」の日本文化』（1982，あるふぁ出版）
西尾　　実『日本人のことば』（1957，岩波新書）
西村　　亨『王朝びとの四季』（1979，講談社学術文庫）
日本文化フォーラム（編）『日本的なるもの』（1964，新潮社）
長谷川如是閑『私の常識哲学』（1987，講談社学術文庫）
　同　　『日本的性格』（1962，平凡社・世界教養全集 6）
浜口　恵俊『「日本らしさ」の再発見』（1988，講談社学術文庫）
　同　　『間人主義の社会 日本』（1987，東洋経済新報社）
浜田　正秀『文芸学概論』（1977，玉川大学出版部）
ひろさちや『仏教と神道』（1987，新潮社）
福原麟太郎『英国的思考』（1948，洋々書房）
ベネディクト，R.（長谷川松治訳）『菊と刀』（定訳 1967，現代教養文庫）
本間　久雄『文学概論』（改稿 1944，東京堂）
松下大三郎『改撰標準日本文法』（1930，中文館）
南　　　博『日本人の自我』（1983，岩波新書）
吉田　精一『古典文学入門』（1968，新潮社）
　同　　『文学概論』（1980，おうふう）
リントン，R.（清水幾太郎・犬養康彦訳）『文化人類学入門』
（1952，東京創元社）
渡辺吉鎔・鈴木孝夫『朝鮮語のすすめ』（1971，講談社現代新書）
渡辺　照宏『日本の仏教』（1958，岩波新書）
渡辺　　浩『映像を彫る―撮影監督宮川一夫の世界』（1997，現代書館）
和辻　哲郎『風土』（1979，岩波文庫）

主要参考文献

本文中に引用した回数・分量の多いもの，著者が多年にわたり愛読して特に大きな影響・恩恵を受けたものなどに限り，紙幅の都合で他の多くの貴重な文献を割愛せざるを得なかった。事典・辞典の類を省略したことと共にご諒解いただきたい。

碧海　純一『法と社会』（1967，中公新書）
天沼　　香『「頑張り」の構造』（1987，吉川弘文館）
イェスペルセン，O.（須貝清一・真鍋義雄訳）『人類と言語』（1944，荻原星文館）
池上　嘉彦『「する」と「なる」の言語学』（1981，大修館書店）
石田　一良『日本文化史』（1989，東海大学出版会）
石田英一郎『民族学の基本問題』（1950，北隆館書店）
　同　『東西抄』（1967，筑摩書房）
　同　『日本文化論』（1969，筑摩書房）
　同　『人間と文化の探求』（1970，文藝春秋）
　同　『文化人類学入門』（1976，講談社学術文庫）
伊藤　　整『文学入門』（改訂版 1956，光文社）
井上　忠司『「世間体」の構造』（1977，NHK ブックス）
上田三四二『短歌一生』（1987，講談社学術文庫）
岡崎　義恵『文芸学』（1947，弘文堂）
オフチンニコフ，Kh.（石黒寛訳）『サクラと沈黙』（1971，徳間書店）
折口　信夫『折口信夫全集・第七巻』（1976，中公文庫）
木村　　敏『人と人との間』（1972，弘文堂）
キーン，D.（金関寿夫訳）『日本人の美意識』（1999，中公文庫）
金田一春彦『日本語　新版』（上）（下）（1988，岩波新書）
　同　『日本語教室』（1998，ちくま学芸文庫）
　同　『金田一春彦著作集・第一巻』（2003，玉川大学出版部）
九鬼　周造『「いき」の構造 他二篇』（1979，岩波文庫）
小西　甚一『日本文学史』（1993，講談社学術文庫）
相良　　亨『誠実と日本人』（1980，ぺりかん社）
相良亨・尾藤正秀・秋山虔編『講座日本思想 1・2・3』（1983，東大出版会）
佐久間　鼎『日本語の特質』（1941，育英書院）
　同　『現代日本語の表現と語法』増補版（1966，恒星社厚生閣）
サピア，E.（木坂千秋訳）『言語』（1943，刀江書院）
　同　（平林幹郎訳）『言語・文化・パーソナリティ』（1983，北星堂）
鯖田　豊之『日本を見なおす』（1964，講談社現代新書）

索　　引

［著者略歴］

芳賀　綏（はが　やすし）

1928年生まれ（北九州市出身）

東京大学文学部国文学科卒業。東洋大学・藤女子大学・法政大学助教授、

東京工業大学・静岡県立大学教授等を経て、

現在、東京工業大学名誉教授。

著書に『言論と日本人』（講談社学術文庫、1999）

『日本語の社会心理』（人間の科学社、1998）

『日本人の表現心理』（中央公論社、1979）

『あいまい語辞典』（共著、東京堂出版、1996）

『現代政治の潮流』（人間の科学社、増補三訂 1989）

『指導者の条件』（三修社、1980）

『昭和人物スケッチ』（清流出版、2004）ほかがある。

日本人《にほんじん》らしさの構造《こうぞう》——言語文化論講義《げんごぶんかろんこうぎ》

NDC810 320p 20cm

初版第1刷——2004年11月1日

第2刷——2004年12月25日

著者——芳賀《はが》　綏《やすし》

発行者——鈴木一行

発行所——株式会社大修館書店

〒101-8466 東京都千代田区神田錦町3-24

電話 03-3295-6231（販売部）　03-3294-2355（編集部）

振替 00190-7-40504

［出版情報］http://www.taishukan.co.jp

装丁者——井之上聖子

印刷所——壮光舎印刷

製本所——牧製本

ISBN 4-469-21290-3　Printed in Japan